ALTDEUTSCHE TEXTBIBLIOTHEK

Begründet von Hermann Paul
Fortgeführt von G. Baesecke
Herausgegeben von Hugo Kuhn
Nr. 78

I0632149

Eckenlied

Fassung L

Herausgegeben
von
Martin Wierschin

MAX NIEMEYER VERLAG TÜBINGEN
1974

EMIL PLOSS
in memoriam

Geb. Ausgabe   ISBN 3-484-20076-6
Kart. Ausgabe   ISBN 3-484-20077-4

© Max Niemeyer Verlag Tübingen 1973
Alle Rechte vorbehalten. Printed in Germany
Satz: Rothfuchs Dettenhausen
Einband von Heinr. Koch Tübingen

Inhaltsverzeichnis

Einleitung

I. Allgemeines

In der altgermanistischen Forschung der sechziger Jahre läßt sich ein intensives Bemühen um die Probleme der Überlieferung und Textkritik nicht übersehen[1]. Ein Gutteil dieser Bemühungen hat sich auf das Spätmittelalter gerichtet. Dennoch gilt für die Spätmittelalterforschung nach wie vor, und gerade im Hinblick auf die Verfügbarkeit verläßlicher Editionen, was vor über einem Jahrzehnt Hanns Fischer aus Goedekes ‚Grundriß‘ zitiert hat[2]: *multum adhuc restat operis.*

---

1 Karl Stackmann, Mittelalterliche Texte als Aufgabe. In: Fs. f. Jost Trier zum 70. Geb. Hrsg. v. W. Foerste und K. H. Borck. Köln/Graz 1964, S. 240–267. Mit veränderter Einleitung und Literaturnachträgen erneut abgedruckt als: Grundsätzliches über die Methode der altgermanistischen Edition. In: Texte und Varianten. Probleme ihrer Edition und Interpretation. Hrsg. v. G. Martens und H. Zeller. München 1971, S. 293–299 - - Kolloquium über Probleme altgermanistischer Editionen. Marbach a.N. 1966. Referate und Diskussionsbeiträge. Hrsg. v. H. Kuhn, K. Stackmann, D. Wuttke. Wiesbaden 1968 (= DFG Forschungsberichte 13) - - Probleme mittelalterlicher Überlieferung und Textkritik. Oxforder Colloquium 1966. Hrsg. v. P.F. Ganz und W. Schröder. Berlin 1968

2 Probleme und Aufgaben der Literaturforschung zum deutschen Spätmittelalter. GRM 40, N.F. IX (1959), S. 217–227 - - Vgl. auch: Hanns Fischer, Neue Forschungen zur deutschen Dichtung des Spätmittelalters (1230–1500). DVjs 31 (1957), S. 303–345 - - Johannes Janota hat diesen Forschungsbericht für die

In der kritischen Situation einer allgemeinen Infragestellung seines Faches[3], dazu mit den Forderungen nach einer gänzlichen Neubesinnung auf gesellschaftsrelevante Forschungsinhalte und mit der ausufernden Auseinandersetzung um verbindliche methodische Grundsätze konfrontiert[4], stellt sich jedoch dem Altgermanisten der siebziger Jahre die Frage, ob es im Zeitalter des Strukturalismus und einer Literatursoziologie Lukács'scher Prägung[5] noch sinnvoll sei, spätmittelalterliche Texte zu edieren.

Zeit von 1957–1968 unter dem gleichen Titel fortgesetzt, wobei er sich auf die noch von Hanns Fischer vor seinem tragischen Tode gesammelten Materialien stützen konnte: DVjs 45, Sonderheft Forschungsreferate (Mai 1971), S. 1*–242*; vgl. besonders S. 66*–69*. Janota weist darauf hin, daß „der Stand der editorischen Erschließung" der Dietrichsepik noch immer „wenig ermutigend" sei (S. 66*).

3 Vgl. etwa: Hans R. Jauss, Literaturgeschichte als Provokation der Literaturwissenschaft. ²Konstanz 1969 (= Konstanzer Universitätsreden 3) - - Helmut Brackert, Das Nibelungenlied, I. Teil. Mittelhochdeutscher Text und Übertragung. Frankfurt/Main 1970, Nachwort S. 252–264, bes. S. 262ff. (= Fischer Bücherei 6038) - - Gerhard Kaiser, Peter Michelsen, Karl Pestalozzi, Hugo Steger, Horst Turk, Fragen der Germanistik. Zur Begründung und Organisation des Faches. München 1971

4 Aus der Fülle der Publikationen verweise ich auf: Wilbur S. Scott (Hg.), Five Approaches of Literary Criticism. London/New York 1962, ⁵1970 (= Collier Books 05368) - - Jost Hermand, Synthetisches Interpretieren. Zur Methodik der Literaturwissenschaft. München 1968 (= sammlung dialog 27) - - Viktor Žmegač (Hg.), Methoden der deutschen Literaturwissenschaft. Eine Dokumentation. Frankfurt/Main 1971 (= Schwerpunkte Germanistik 1) - - Norbert Mecklenburg, Kritisches Interpretieren. Untersuchungen zur Theorie der Literaturkritik. München 1972 (= sammlung dialog 63)

5 Vgl.: Jan Mukařovský, Kapitel aus der Poetik. Aus dem Tschechischen übersetzt von W. Schamschula. Frankfurt/Main 1967 (= edition suhrkamp 230) - - Günther Schiwy, Der französische Strukturalismus. Mode – Methode – Ideologie. Reinbek b. Hamburg 1969 (= rde 310/11) - - Viktor Žmegač (Hg.),

Meine Edition bejaht diese Frage. Sie beruht auf der Überzeugung, daß eine von den richtigen Fragestellungen getragene altgermanistische Literaturbetrachtung exemplarische Relevanz und hohe Aktualität besitzt[6]. Sie unterstreicht ferner die simple Einsicht, daß selbst die modernsten und zeitbezogensten Literaturtheorien sich ohne textliche Fundierung in unergiebigen Abstraktionen verlieren. Mit anderen Worten: Auch der strukturale Literaturkritiker, der die Einzelelemente des von Autor und Inhalt möglichst gelösten literarischen Kunstwerks werkimmanent mit Hilfe linguistischer Kategorien analysiert und ihnen dann innerhalb der so vom Interpreten erfaßten Werkstruktur konstituierende Funktionen zuweist und der zu bestimmen sucht, wie sich literarische Elemente und Formen innerhalb eines synchronischen und diachronischen Systems zu einer dynamischen Gesamtstruktur zusammenordnen und in ihr funktionieren, kann nicht umhin, sich zunächst verläßliche und für seine Zwecke geeignete Texteditionen zu erarbeiten; es sei denn, ein anderer hätte diese unabdingbare Basisarbeit bereits geleistet. Und daß diese Voraussetzung nicht nur für jede wie immer begriffene Literatursoziologie, sondern für jede Literaturbetrachtung überhaupt gilt, sollte selbstverständlich sein.

Damit ist gerade auch durch die neuesten Forschungsanliegen unserer Disziplin, die freilich innerhalb der Altgermanistik so neu nicht sind[7], die Herausgabe von Texten ge-

---

Marxistische Literaturkritik. Bad Homburg v.d.H. 1970 (= Ars poetica. Texte 7)

6 Vgl. hierzu: Helmut Brackert (Anm. 3), S. 262–264 - - Hugo Kuhn, Thesen zur Wissenschaftstheorie der Germanistik. In: Dichtung, Sprache, Gesellschaft. Akten des IV. Internationalen Germanisten-Kongresses 1970 in Princeton. Hrsg. v. V. Lange und H.-G. Roloff. Frankfurt/Main 1971, S. 11–17

7 Etwa: Hugo Kuhn, Dichtungswissenschaft und Soziologie. Studium generale, Jg. 3 (1950), S. 622–626 - - Außerdem verweise ich summarisch auf die einschlägigen Aufsätze (der

rechtfertigt, die wie das ‚Eckenlied‘ über mehrere Jahrhunderte hinweg immer wieder aus der durch wechselnde kultur- und sozialgeschichtliche Konstellationen bestimmten vorliterarischen Mündlichkeit der Volkssprache in die von Hugo Kuhn als „Zwischenkultur"[8] verstandene Schriftlichkeit eingetreten und darin als strukturell deutlich voneinander geschiedene Phänotypen zu erkennen sind. Nur über die Analyse dieser literarischen Phänotypen[9] können wir zu einem Bild von der wechselnden sozialen Situation des Autors, von den Gesellschaftsstrukturen der Zeit, den Erwartungen des Publikums und von der jeweiligen sozialen Funktion sprachlicher Aussagen und Kunstschöpfungen gelangen. Und nur aus der Analyse einer Vielzahl von Phänotypen des gleichen Zeitabschnitts, möglichst aus der Analyse ihrer auf uns gekommenen Gesamtheit, werden wir eine Vorstellung davon gewinnen können, was sich letztlich zu übergreifenden ontologischen Einheiten, zu literarischen Gattungen und Epochen, zu dynamisch zu verstehenden Einzel- und Gesamtstrukturen ordnen läßt.

Eine die Gesamtüberlieferung des ‚Eckenliedes‘ berücksichtigende Ausgabe ist ein altes Desiderat der Forschung[10].

älteste aus dem Jahre 1936), die jetzt abgedruckt sind in: Hugo Kuhn, Dichtung und Welt im Mittelalter. [2]Stuttgart 1969 und in: Hugo Kuhn, Text und Theorie. Stuttgart 1969

8 Aspekte des dreizehnten Jahrhunderts in der deutschen Literatur. Bayer. Akademie der Wiss. Phil.-Hist. Klasse. Sitzungsberichte. Jg. 1967 (München 1968), Heft 5, S. 7

9 Vgl. hierzu den wichtigen Aufsatz von Ingeborg Schröbler, Von den Grenzen des Verstehens mittelalterlicher Dichtung. GRM 44, N.F. XIII (1963), S. 1–14

10 Zuletzt: Henrik Becker, Warnlieder, Bd. II. Leipzig 1953, S. 169: „Einmal muß dieses Werk im Ganzen herausgegeben werden." - - Ferner: Julius Zupitza (Hg.), Dietrichs Abenteuer von Albrecht von Kemenaten. In: Deutsches Heldenbuch, 5. Teil. Hrsg. v. J. Zupitza. Berlin 1870, S. XXXVI: „hier nur das resultat, dass abgesehen von s[2] [1577] keine der überlieferungen direkt oder indirekt von einer anderen

Wie oben bereits angedeutet, zerfällt diese Überlieferung in voneinander unabhängige und miteinander konkurrierende, über etwa 250 Jahre sich erstreckende Gestaltungen des Ecken-Stoffes[11]. Und es ist offensichtlich, daß sich die Gestalter

---

erhaltenen stammt, so dass sie alle einen gewissen wert haben." - - Zum gleichen Ergebnis kommt: Wilhelm Wilmanns, Zur Geschichte des Eckenliedes. In: O. Jänicke, E. Steinmeyer, W. Wilmanns, Altdeutsche Studien. Berlin 1871, S. 99 - - Und Otto L. Jiriczek, Deutsche Heldensagen, 1. Bd. Straßburg 1898, S. 185 urteilt: „ . . . da die Abweichungen nicht nur philologischer Natur, sondern stofflich und sagengeschichtlich von noch grösserer Bedeutung sind, und da die Ausgabe im DHB. durch Nichtberücksichtigung der anderen Fassungen ein sehr unvollständiges Bild des Bestandes gibt."

11 Vgl. Anm. 10. Insgesamt sind uns fünf Versionen erhalten, von der Mitte des 13. bis zum Ende des 15. Jahrhunderts, und zwar: *L* (die hier edierte älteste Version aus dem Laßberger Kodex; Fürstlich-Fürstenbergische Hofbibliothek, Donaueschingen, Hs. Nr. 74 = Wasserburger Codex; von mir neu datiert -s.u.- auf ca. 1260) — etwa gleichzeitig die Einzelstrophe B der Carmina Burana-Handschrift (Clm 4660); s.u. —A (verlorenes Ansbacher Fragment, um 1300; entdeckt und mit Einleitung diplomatisch abgedruckt von Carl von Kraus, Bruchstücke einer neuen Fassung des Eckenliedes (A). Bayer. Akademie der Wiss. Phil.-Hist. Klasse. Abhandlungen. XXXII. Bd. (München 1926), 3. Abh. = Teil I; 4. Abh. = Teil II bringt anschließende Untersuchungen über die Gesamtüberlieferung) — m (Münchner Fragment, Cgm 252 der Bayerischen Staatsbibliothek München, 1455; das in der Literatur in m^1 und m^2 aufgegliederte Fragment bildet eine Einheit = m; m^2 bildete vor Docens Neufoliierung den Abschluß des Ganzen) — d (vollständige Fassung des Dresdener Heldenbuches, Hs. M. 201 der Sächsischen Landesbibliothek Dresden, 1472) — a/f (a = Inkunabel Inc. 8° 321 der Staatsbibliothek, Stiftung Preußischer Kulturbesitz Berlin, Augsburg (Johann Schaur) 1491; f = Inkunabel X 258 der Thurgauischen Kantonsbibliothek Frauenfeld, Augsburg (Hans Forschauer) 1494; zu der — vollständigen — Inkunabelfassung a/f gehören noch die als Lesarten irrelevanten Fragmente š, h und n). Die Frühdrucke von 1559, 1566, 1568 und 1577 sind sämtlich Neuauflagen von a/f. Sie

und Bearbeiter des Stoffes immer wieder an der mündlichen Überlieferung orientiert haben. Darauf hat bereits Otto L. Jiriczek hingewiesen[12]. Unter diesen Umständen bietet sich eine kritische Gesamtausgabe aller überlieferten Fassungen, wie sie Henrik Becker (vgl. Anm. 10) forderte, und zwar nach den noch weiter unten kurz zu diskutierenden Erkenntnissen einer neuen Textkritik, als bestmögliche Lösung an. Man würde dadurch endlich in die Lage versetzt, die sprachliche und literarische Entwicklung eines Stoffes, mit all den angedeuteten Implikationen und notwendigen Fragestellungen, zu überblicken. Eine solche Ausgabe des nach allgemeiner Ansicht zu den bedeutendsten und gelungensten Dietrichsepen zählenden ,Eckenliedes' böte damit die Voraussetzung für wenigstens exemplarische eingehendere Untersuchungen über *ein* Werk der spätmittelalterlichen „nach-nibelungischen" Heldenepik, deren dominierendes Kernstück die Dietrichsepik ist und deren Erforschung noch ganz in den Anfängen steckt[13].

---

beweisen die anhaltende Beliebtheit des Eckenstoffes beim Publikum und die durch den Buchdruck erfolgte Ausschaltung einer weiteren Regeneration des Stoffes aus mündlicher Überlieferung.

12 Deutsche Heldensagen, 1. Bd. Straßburg 1898, S. 185–210

13 Wie mir Joachim Heinzle (Universität Köln) mitteilt, arbeitet er an einer umfassenderen Darstellung der Überlieferungs- und Gattungsgeschichte der Dietrichsepen, die sich vor allem methodologisch mit der bisherigen Text- und Sagenkritik auseinandersetzen wird und einen Katalog aller Textzeugen als Anhang bringen wird. Er beabsichtigt, diese Probleme exemplarisch am ,Eckenlied' zu demonstrieren. Damit kommen wir ein kleines Stück weiter. – Die von Hanns Fischer (vgl. Anm. 2) umrissene Forschungslage hat Helmut de Boor nochmals im Vorwort (S. VII) zum Band III/1 seiner ,Geschichte der deutschen Literatur' ([2]München 1964) beschrieben: „Man wird gegenüber den beiden ersten Bänden auf Schritt und Tritt spüren, auf wie unsicherem Grunde der dritte Band errichtet werden mußte..."

Aus praktischen Überlegungen kann diese Gesamtausgabe nicht in einem Band erscheinen. Eine Aufteilung ist allein schon durch die Länge der überlieferten Texte erforderlich. Hinzu kommen Vorbemerkungen und Beobachtungen des Herausgebers, die den Umfang weiter aufschwellen. Zudem halte ich es für wesentlich, daß eine der beiden wichtigsten handschriftlich überlieferten Fassungen des ‚Eckenliedes‘ (L und d; vgl. Anm. 11) endlich einmal in einer erschwinglichen Einzelausgabe im Buchhandel verfügbar ist, nicht nur im Hinblick auf Seminarübungen. Denn zuletzt sind diese beiden Texte vor mehr als hundert Jahren in den „Heldenbuch“-Kompendien von Julius Zupitza (L = Berlin 1870, Nachdruck Dublin/Zürich 1968; s.u.) und Friedrich Heinrich von der Hagen/Alois·Primisser (d = Der Helden Buch in der Ursprache, Bd. II/2. Berlin 1825) erschienen. Und da die älteste Fassung in mancher Hinsicht die relevantere ist, wie ein Textvergleich zeigt, habe ich es dankbar angenommen, sie in der Altdeutschen Textbibliothek neu herauszugeben. Die übrigen, zum Teil noch unedierten Versionen werden später mit Untersuchungen in einem umfangreichen Forschungsband folgen.

II. Einrichtung der Ausgabe

Seit Helmut Brackerts umwälzenden Forschungen zur ‚Nibelungenlied‘-Überlieferung[14] haben sich für die Edition altgermanistischer Texte endgültig neue Auffassungen durchgesetzt[15]. Zwar hatten die Realitäten der Überliefe-

---

14 Beiträge zur Handschriftenkritik des Nibelungenliedes. Berlin 1963 (= Quellen und Forschungen 135. N.F. 11)
15 Zusammenfassend Hugo Kuhn, Thesen zur Wissenschaftstheorie der Germanistik (Anm. 6), S. 14: „ . . . haben wir uns längst gelöst von . . . naiver Fixierung auf Originale und Fassungen letzter Hand.“ - - Die wichtigste Literatur ist in Anm. 1 genannt. Außerdem: Hans Werner Seiffert, Untersuchungen zur

rung das „Lachmannsche Ideal" einer Wiederherstellung des korrekten Originals oder Archetypus[16] schon seit langem kritisch in Frage gestellt[17], der entscheidende methodische Durchbruch erfolgte jedoch erst seit der Mitte der sechziger Jahre. Und wenn heute erkannt wird, daß man wohl selbst bei so „klassischen" Werken wie dem ‚Iwein', und möglicherweise auch beim ‚Parzival', mit mehr als einer ursprünglichen Fassung zu rechnen hat[18], so muß das unsere Vorstellungen von der Entstehung und Überlieferung der „populären" Heldendichtung im allgemeinen und der spätmittelalterlichen Dietrichsepik im besonderen wesentlich modifizieren; zumal der gewichtige textsoziologische Faktor der Mündlichkeit, der „lebendigen Überlieferung"[19], an der sich alle

Methode der Herausgabe deutscher Texte. [2]Berlin 1969 (= Deutsche Akademie der Wiss. zu Berlin. Veröff. des Inst. f. deutsche Sprache u. Lit. 28); bes. S. 28—35 - - Einen exemplarischen Einblick anhand ausgewählter Beispiele, besonders im Hinblick auf sprachliche Normalisierungen, vermittelt: Hans Fromm, Stemma und Schreibnorm. In: Mediaevalia litteraria. Fs. f. Helmut de Boor z. 80. Geb. Hrsg. v. Ursula Hennig u. Herbert Kolb. München 1971, S. 193—210

16 Vgl. Karl Lachmann, Wolfram von Eschenbach. Berlin 1833, S. VI. Wieweit das, was gemeinhin als „Lachmannsche Methode" bezeichnet wird, diese Bezeichnung rechtfertigt, d.h. wieweit Lachmanns eigene, sehr differenzierte Editionspraxis davon abweicht, hat am ausführlichsten untersucht: Sebastiano Timpanaro, La genesi del metodo del Lachmann. Firenze 1963 (= Bibliotechina del saggiatore 18).

17 Ich verweise hier nur auf zwei wichtige Stellungnahmen: Heinrich Niewöhner, Kunst oder Methode. PBB (Ost) 79 (1957), S. 415—437 - - Hanns Fischer, Probleme und Aufgaben (Anm. 2), bes. S. 219—221

18 Vgl. Kolloquium über Probleme altgermanistischer Editionen (Anm. 1), S. 21

19 Vgl. Gabriele Schieb, Editionsprobleme altdeutscher Texte. Wiss. Zeitschrift der Ernst-Moritz-Arndt-Universität Greifswald. Gesellschafts- u. sprachwiss. Reihe 5/6. Jg. XV (1966), S. 523—533, bes. S. 524

Überlieferungsträger, der Vortragende so gut wie der Aufzeichnende, immer wieder erneut orientiert haben, für die Heldendichtung durch die Forschungen der Chadwicks, Parry, Bowra, Lord u.a. längst etabliert ist[20].

Zwar hat Carl von Kraus seinerzeit noch an DAS ,Eckenlied' geglaubt[21] und versucht, es im Sinne der „Lachmannschen Methode" aus der Gesamtheit der divergierenden Version zu rekonstruieren[22]. Der Altmeister der Textkritik hat es jedoch trotz aller philologischen Souveränität bei einem Versuch bewenden lassen, was ich als vorweggenommene Beglaubigung der gegenwärtigen Textkritik werten möchte. Mir konnte es deshalb und im Hinblick auf die oben angedeuteten wichtigen neuen Forschungsanliegen nicht mehr darum gehen, die unter Einwirkung einer uns noch kaum zugänglichen Mündlichkeit sporadisch schriftlich festgehaltenen konkurrierenden Versionen des ,Eckenliedes' mit Hilfe von konstruierten Abhängigkeiten auf einen gemeinsamen archetypischen Nenner und in das sprachliche Korsett einer der hochmittelalterlichen höfischen Epik angemessenen, der spätmittelalterlichen Dietrichsepik aber zu engen, weil gat-

---

20 H. Munro Chadwick and N. Kershaw Chadwick, The Growth of Literature. 3 vols. Cambridge (UP) 1932–1940 - - Milman Parry, Studies in the Epic Technique of Oral Verse-making. vols. I/II. Cambridge/Mass. 1930/32 (= Harvard Studies in Classical Philology) - - C. Maurice Bowra, Heroic Poetry. London 1952 - - Albert B. Lord, The Singer of Tales. Cambridge/Mass. 1960 - - Vgl. ferner den Forschungsbericht von Michael Curschmann, Oral Poetry in Mediaeval English, French and German Literature. Speculum XLII (1967), S. 36–52 sowie William E. Holland, Formulaic Diction and the Descent of a Middle English Romance. Speculum XLVIII (1973), S. 89–109 und Joseph J. Duggan, The Song of Roland. Formulaic Style and Poetic Craft. Berkeley (UC Press) 1973

21 Diese Ansicht ist auch heute noch in den meisten Handbüchern und Literaturgeschichten zu finden.

22 Bruchstücke einer neuen Fassung des Eckenliedes (Anm. 11)

tungsfremden literatursprachlichen Koine zu zwingen. Das realitätsbezogene Ziel meiner Neuausgabe der ältesten Fassung des ‚Eckenliedes' war es vielmehr, den am Anfang der uns bekannten schriftlichen Überlieferung stehenden Phänotyp *L* zu erschließen[23].

Die Überlieferung von *L* ist — im Gegensatz zur Überlieferungsgruppe *a/f, š, h, n* der jüngsten Version — unikal. Das bedeutet, daß ich für die *constitutio textus* allein auf die sehr sorgfältig geschriebene und zuverlässige Pergamenthandschrift Nr. 74 (Wasserburger Codex) der Fürstlich-Fürstenbergischen Hofbibliothek angewiesen war[24]. Gegenüber der letzten Ausgabe von J. Zupitza (1870), die sich durch eine Fülle von Eingriffen und Änderungen auszeichnet, die ich nicht als eigentliche Emendationen, d.h. Verbesserungen, ansehen konnte, wird der Benutzer in jedem einzelnen Verse wenigstens eine, fast immer jedoch mehrere Abweichungen feststellen. Meine Ausgabe ist nach folgenden Grundsätzen eingerichtet:

1. Von einigen praktischen Vereinfachungen abgesehen (vgl. 2.), habe ich möglichst nicht in den Text der Hand-

---

23 Damit stimme ich der folgenden methodischen Überlegung Vottorio Santolis (Tradition und Wert in der Volksdichtung. In: Philologie und Kritik. Bern 1971, S. 203) zu: ‚‚Die *recensio* von Texten der Volksdichtung zielt darauf ab, eine Geschichte zu rekonstruieren, deren Abschnitten grundsätzlich die gleiche Wichtigkeit beizumessen ist. Der gemeinhin ‚offene' Charakter dieser kritischen Bewertung macht die Wiederherstellung eines Archetypus unmöglich." - - Einen vollständigen Eindruck von der Divergenz und Eigenständigkeit der in Anm. 11 zusammengestellten Versionen wird erst der angekündigte Forschungsband vermitteln. Einstweilen kann man sich nur eine ungefähre Vorstellung mit Hilfe der fehlerhaften und schwer zugänglichen alten Abdrucke verschaffen.

24 Das ‚Eckenlied' ist dort auf S. 132, 3. Spalte bis S. 148, 2. Spalte aufgezeichnet. Die Paginierung der Handschrift ist in der Edition rechts vom Text ausgeworfen.

XVI

schrift eingegriffen. Auf jede sprachliche Normalisierung
wurde verzichtet; Längenzeichen habe ich nicht eingeführt.
Dialektformen habe ich im Text belassen, soweit sie in den
Handbüchern als Idiotismen ausgewiesen sind und die Ge-
fahr eines Mißverständnisses nicht bestand. In allen Grenz-
fällen jedoch, die zu semasiologischen Irrtümern Anlaß ge-
ben konnten (z.B. *brunne/brünne, here/herre, buosen/buozen*
(vgl. 5.), *ligt/liegt)* habe ich emendiert, ebenso bei *cch/ch,
v/w* und dort, wo eindeutige Fehler des Schreibers zu besei-
tigen waren. In offenbare Lücken habe ich Konjekturen ein-
gefügt. Schreibungen, die lautgeschichtliche Relevanz be-
sitzen können, sind nicht korrigiert. Ich habe auch nicht
versucht, im Sinne irgendwelcher antizipierten Normen
Verse metrisch zu reglementieren bzw. rhythmisch zu glät-
ten oder Strophenbau und Reimschemata zu „emendieren".
Wie im Sprachlichen kam es mir hier darauf an, die gattungs-
eigene Freizügigkeit zu erhalten.

Wo ich emendiert oder konjiziert habe, ist das nach dem
vorherrschenden Sprachgebrauch des Manuskripts gesche-
hen. Sämtliche Eingriffe in den überlieferten Text sind —
von den unter 2. aufgeführten unwichtigen Ausnahmen ab-
gesehen — durch Kursivdruck gekennzeichnet und können
vom Benutzer über den ausschließlich dafür vorgesehenen
Apparat nachgeprüft werden.

2. Abweichend von der Handschrift sind in meinem Text
wiedergegeben:
a) *u/v* sowie *i/j* nach ihrem Lautwert; ohne Nachweis; auch
im Apparat (Die Handschrift hat oft *v* für *u, i* für *j.*)
b) die dentale Affrikata durch *z*; auch im Apparat (Die
Handschrift hat dafür normalerweise *ʒ*, gelegentlich langes
oder rundes *s*, z.B. in 4,3. Diese *s*-Schreibungen sind nach-
gewiesen.)
c) rundes und langes *s* einheitlich durch *s* (Rundes *s* kommt
in der Handschrift nur auslautend vor, und zwar ebenso
häufig wie langes *s*.)

d) die übergeschriebenen Vokale *i, e, o, u* fortlaufend, jedoch kursiv (Ein Nachweis im Apparat ist unterblieben.)
e) die Umlautszeichen durch Doppelpunkte (Die Handschrift verwendet nach links geneigte, lange oder kurze Striche und gerade Doppelstriche.)

Dagegen folgt die Wiedergabe von *f/v* dem Gebrauch der Handschrift, die *f* häufiger verwendet.

3. Groß geschrieben sind Strophenanfänge und Eigennamen. Die Satzzeichen sind nach den heutigen Regeln gesetzt. (In der Handschrift beginnt jeder Vers mit einer Majuskel; sonst ist alles klein geschrieben. Hinter jedem der abgesetzten und durch Majuskeln ausgezeichneten Verse steht ein Punkt in der Zeilenmitte. Außerdem ist das erste Wort jeder Strophe unterstrichen.)

4. Die relativ zahlreichen Abbreviaturen der Handschrift sind − im Text und im Apparat − ohne Nachweis aufgelöst. (Es handelt sich dabei vor allem um Nasalstriche, Häkchen für *er* sowie um die regelmäßig gebrauchten alemannischen Abkürzungen *dc* und *wc*.)

5. Der alemannische Schreiber unterscheidet *z* und *s* nicht mehr (vgl. Paul/Moser/Schröbler, Mhd. Grammatik. [20] Tübingen 1969, § 111). Er gibt beide *s*-Laute durch langes oder rundes *s* wieder (so auch in *buozen* = 22, 11). Mein Text folgt der Handschrift − soweit möglich; vgl. 1. − aus lautgeschichtlichen Gründen. Ich habe deshalb auch die Abkürzungen *dc* und *wc*, die gelegentlich als *das/was* ausgeschrieben sind (so in 2,6) zu *das* und *was* aufgelöst. In den Ausnahmefällen, wo der Schreiber gegen seine sonstige Gewohnheit ein auslautendes *z* geschrieben hat (in fast allen Fällen handelt es sich dabei um enklitisches *z*, z.B. *sahenz/* 50, 10; *stritenz/*107, 6; *sprungenz/*195, 12), findet sich ein Nachweis im Apparat.

III. Zur Handschrift

1. *Handschriftenbeschreibung.* Am genauesten und systematischsten ist die Sammelhandschrift Cod. 74 (Wasserburger Codex; Fürstlich-Fürstenbergische Hofbibliothek, Donaueschingen), die als fünften Text auf S. 132c bis 148b die Fassung *L* des ‚Eckenliedes' enthält, beschrieben bei: Victor Junk (Hg.), Rudolfs von Ems ‚Willehalm von Orlens'. Berlin 1905 (= DTM 2), S. XVIII–XXXVIII. Außerdem bringen alle in der Bibliographie (s.u.) aufgeführten früheren Ausgaben in den Einleitungen spärliche und unsystematische Bemerkungen über die Handschrift. Vgl. ferner: Karl A. Barack, Die Handschriften der Fürstlich-Fürstenbergischen Hofbibliothek zu Donaueschingen. Tübingen 1865, S. 51–55 sowie die Einleitungen zu den Ausgaben der übrigen Texte des Cod. 74.

2. *Laut- und Sprachgeschichtliches.* Die im folgenden zusammengestellten graphischen, lautlichen und sprachlichen Eigenheiten der *L*-Überlieferung haben Hinweisfunktion[25]. Es werden die auffallendsten und häufigsten Abweichungen von der Norm mit jeweils drei ausgewählten Belegstellen aufgeführt, die zur besseren Verdeutlichung vorhandener Varianten eklektisch zusammengestellt sind. Auf diese Hinweise werde ich weiter unten bei der Mundartbestimmung, Lokalisierung und Datierung zurückgreifen.

---

25 Ich meine, derartige Hinweise gehören in die Einleitung jeder Edition. Für die Vervollkommnung unserer noch immer lückenhaften Kenntnis der mundartlichen Schreib-, Laut- und Sprachgeschichte des Spätmittelalters ist dieses Material unentbehrlich. Wenn ich mich mit Verweisen begnüge und keine vollständigen Belege liefere, dann deshalb, weil erstens Text und Apparat eine vollständige Erfassung ermöglichen und weil zweitens für diesen ‚Eckenlied'-Text mit Hilfe elektronischer Datenverarbeitungsanlagen eine Reihe lemmatisierter Indizes in Arbeit sind, die auch über die erwähnten Eigenheiten exakt und bequem informieren werden.

A. Auffallend ist die durchgängige Vertauschung der Spiranten *v* und *w* im Anlaut: *v* steht für *w* (9, 11; 12, 7; 22, 2), ebenso häufig *w* für *v* (8, 2; 13, 1; 27, 9)[26]. Hierzu muß man auch die ganz konsequent durchgeführte scheinbare Synkope von *u* nach *w* rechnen[27], die fast immer vor *n* + Konsonant auftritt (5, 1; 15, 5; 33, 13; *r* + Konsonant = 47,8). Obwohl der Schreiber ein deutliches, auch sonst verwendetes *w* schreibt, ist dieses *w* in ein zweifaches *v* aufzulösen (z.B. 5,1: *wnderlich > vvnderlich*), wovon das anlautende *v* für *w* steht.

B. Im Zusammenhang damit sei die Form *von* (43, 4; 73, 1) = *won* erwähnt. Bei *won* (1, 9; 25, 8; 31, 12), das im Text etwa doppelt so häufig wie die Schreibung *wan* (14, 4; 27,5) auftritt, handelt es sich um eine durch Verdunkelung des *a* entstandene alemannische Form[28].

C. Diese Verdunkelung von *a > o* erscheint nicht nur in der Konjunktion/Adverbiale, sondern auch — jedoch selten (73, 1; 184, 9; 214, 2) — in der, wiederum alemannischen[29], Form *wan* (10,10; 13, 6; 14, 6), die das Indefinitpronomen *man* vertritt. Die Normalform *man* findet sich in unserem Text etwa dreimal bis viermal so häufig wie *wan*.
Auffallende Eigenheiten des Vokalsystems sind ferner:

---

26 Die Handschrift bietet hierfür — wie für alle übrigen Eigenarten — zahllose Beispiele. Besonders auffällig ist noch 165,1: *vil vol var.* Nach Karl Weinhold, Mittelhochdeutsche Grammatik. [2]Paderborn 1967 (im folgenden zitiert als: Weinhold, Mhd.), § 174 ist die Schreibung *w* für *v* im Mitteldeutschen am verbreitetsten.

27 Vgl. hierzu Weinhold, Mhd., § 178. Auch die Handschrift C des Nibelungenliedes hat diese Auslassungen in gleicher Weise.

28 Vgl. Karl Weinhold, Alemannische Grammatik. Berlin 1863, Nachdruck: Amsterdam 1967 (= Grammatik der deutschen Mundarten I; im folgenden zitiert als: Weinhold, Alem.), § 25.

29 Vgl. Weinhold, Mhd., § 178 und Alem., § 166.

---

a) Die vollen Endsilbenvokale sind noch weitgehend erhalten (2,2; 7, 13; 10, 8). Hierzu gehört auch die überwiegende Verwendung der für das Alemannische ebenfalls charakteristischen alten Imperativformen *wissist* (2. Sg. Opt.: 94, 8; 96, 8; 158, 2) und *wissint* (2. Pl. Opt. mit alem. Nasalierung des Einheitsplurals: 5, 9; 60, 9; 106, 3). — b) Die „unechte Ausdehnung des Umlautes"[30] ist weit verbreitet. Sie betrifft alle umlautfähigen Vokale (70, 12; 202, 6; 236, 1), am häufigsten jedoch *â/a* (72, 4; 74, 7; 74, 11) und *u* in den obliquen Kasus des Personalpronomens der 1. Pers. Pluralis (18, 3; 25, 8; 28, 11)[31]. — c) Auf der anderen Seite ist der Umlaut in sehr vielen Fällen unterblieben. Das gilt sowohl für den nominalen Bereich (1, 7; 70, 11; 91, 7 = so immer)[32] als auch für die Verbalkonjugation, wo der Umlaut im Konjunktiv meist fehlt (65, 12 = 1. 3. Sg. Konj., so immer; 85,9; 192, 4). Auffällig ist die unumgelautete Konjunktivform *mug* (75, 6; 92, 7; 112, 9). — d) Die alemannische Rundung[33] von *i* > *ü* tritt bei der gegenüber *niht* sehr selten benutzten Negation *nüt* (11, 3; 28, 2; 123, 13), aber auch sonst (66, 8; 81, 7; 168, 12) in Erscheinung. — e) Der Diphthong *ou* ist in vielen Fällen zu *ô* monophthongiert (106, 12 = *bome,* immer; im Auslaut wird *m* > *n:* 184, 6; 240, 1; 245, 4 – 118, 6; 146, 11)[34]. Davon abhängig ist

30 So Victor Junk (s.o. unter III,1) nach Weinhold, Alem., §§ 35, 88; vgl. auch ebd. § 7. Wo *e* über im Normalfall lange Vokale gesetzt ist (70, 12; 99, 4), kann nach Virgil Moser, Frühneuhochdeutsche Grammatik, I. Band, 1. Hälfte. Heidelberg 1929, § 9 und Anm. 1 auch eine seit dem 13. Jahrhundert im Ripuarischen häufige Besonderheit der Längenbezeichnung bewahrt sein.

31 Vgl. Hermann Paul/Hugo Moser/Ingeborg Schröbler, Mittelhochdeutsche Grammatik. [20]Tübingen 1969 (im folgenden zitiert als: Paul, Mhd. Gr.), § 146 A.5.

32 Regelmäßig steht auch *ue* für *üe* (67, 3; 68, 2; 74, 4).

33 Vgl. Paul, Mhd. Gr., § 78, 151 A. 12; Weinhold, Alem., § 416.

34 Vgl. Weinhold, Alem. §§ 8, 42. Nach Paul, Mhd. Gr., § 116,

die häufigste Lautung *oe* = ő für *öu* (17, 13; 65, 13; 67, 8)
und *ou* (1, 5; 12, 2; 118, 1; vgl. außerdem: 34, 9; 88, 5;
88,7; hier überwiegt jedoch die Normalform)[35]. — f) Der
Diphthong *uo* ist teils zu *ue* = ű abgeschwächt (51, 11;
75, 10; 78, 6; 104, 6), teils in der Schreibung ű*e* wieder-
gegeben (4, 7; 16, 2; 28, 13)[36]. — g) *üe* ist meist als ű ge-
schrieben (2, 9; 20, 2 = so immer; vgl. 53, 11; 63, 13;
75, 2)[37]. — h) Der mittelhochdeutsche „Normal"-Diph-
thong *ei* erscheint stets als *ai* (1, 1; 1, 3; 3, 1)[38]. — i) Der
Akkusativ Sg. Mask. des Personalpronomens der 3. Person
lautet meist *ien* (71, 6; 107, 2; 140, 13)[39]. — k) Im Sg.
und Pl. Prät. des Verbs *loufen* ist der Diphthong *ie* öfter
durch ein alemannisches und bairisches *u* ersetzt (36, 6;
38, 2; 177, 7)[40].

2/1 ist diese Monophthongierung auch ein Kennzeichen des
Mitteldeutschen. Die bei Weinhold aufgeführten Beispiele sind
jedoch mit den Belegen unseres Textes identisch. Vgl. außer-
dem Anm. 35.

35 Vgl. Weinhold, Mhd., § 45 sowie Eberhard Kranzmayer,
Historische Lautgeographie des gesamtbairischen Dialekt-
raumes. Wien 1956, § 21b. Nach Kranzmayer gehört *oe* < *ou*
als alemannisierende Lautform ins südbairische Ötztal, das mit
zum geographischen Schauplatz der ‚Eckenlied'-Handlung ge-
hört.

36 Es kann sich hierbei bestenfalls um vom Alemannischen beein-
flußte südbairische Formen handeln (vgl. Paul, Mhd. Gr.,
§ 116, 1/17 und Ann. 35). Wahrscheinlicher ist alemannische
Provenienz, worauf auch die Schreibung ű*e* hinweist (vgl.
Weinhold, Alem., § 74).

37 Es handelt sich dabei wohl weniger um mitteldeutsche Monoph-
thongierung (vgl. Paul, Mhd. Gr., §§ 116, 2/1; 51) als vielmehr
um eine alemannische Eigenart (vgl. Weinhold, Alem., § 75).
Weinhold führt zwei Belege für *üe* > ű > *ü* an, die mit 5, 7
(m*ű*get) und 75, 2 (f*ű*rst) unseres Textes identisch sind.

38 Diese Schreibung verweist aufs Bairische und Alemannische;
vgl. Weinhold, Mhd., §§ 105, 123; V. Moser (Anm. 30), § 19.

39 Vgl. Weinhold, Mhd., § 476 (S. 520).

40 Vgl. Weinhold, Alem., § 337; Paul, Mhd. Gr., § 164 Anm. 2;

Im folgenden stelle ich einige weitere allgemeine Hinweise auf Besonderheiten des Textes zusammen[41] : l) Die auf „normale" mittelhochdeutsche Langvokale und Diphthonge folgenden Spiranten *ʒ* und *f* sind in vielen Fällen geminiert (64, 3; 68, 7; 72, 7; 74, 4; 80, 8; 164, 2; 168, 3)[42]. — m) Die kurzen offenen Tonsilben sind bereits in vielen Fällen vor *t* durch Gemination beseitigt (64, 12; 145, 9 = fast immer; 156, 9). Gelegentlich ist die Verdoppelung auch in die einsilbige Form übernommen (182, 4; 182, 5). — n) Die Auslautverhärtung ist nur teilweise durchgeführt (3, 13 = sehr selten; 7, 2 = durchgehend, ebenso: *huob;* 14, 9 = vorwiegend). Bei den stimmlosen Formen ist auslautendes *c* oft durch *k* ersetzt (4, 5; 7, 5; 19, 5). Umgekehrt steht *c* oft, und zwar wie üblich meist vor *r* und *l*, im Silbenanlaut (136, 9; 179, 10, 188, 2). — o) Nach alemannischem Brauch ist inlautendes -*kk*- vorwiegend zu -*gg*- abgeschwächt (2, 6 = stets; 36, 11; 68, 10). Lenisiert ist auch häufig der Auslaut des Präfixes *ent*- (101, 10; 116, 13; 124, 6). — p) Die Graphie *cch* tritt inlautend stets in Ableitungen von *sicher* auf (25, 7; 47, 9; 67, 2). — q) In den Namen *Dietherich* und *Hilthebrant* (2, 10; 2, 13; 7, 10; 12, 9) ist *t* immer, sonst nur ganz vereinzelt (214, 6) aspiriert. — r) Die gutturale Tenuis

---

Karl Weinhold, Bairische Grammatik. Berlin 1867, Nachdruck: Wiesbaden 1968, § 277.

41 Auf bibliographische Verweise verzichte ich dabei. Denn für eine Bestimmung der Mundart liefern Vokalismus sowie unten anzuführende Kennwörter und grammatische Sonderformen genügend Belege. Und auf eine eingehende Erörterung dialektgeographischer oder -historischer Fragen kann es mir auch im Hinblick auf den derzeitigen Forschungsstand, vgl. Anm. 25 — hier nicht ankommen.

42 Zur Wiedergabe von *ʒ* vgl. oben unter II, 5. — Bei diesen Geminationen dürfte es sich am ehesten um die südbairische „Kärntner Dehnung" handeln; vgl. Paul, Mhd. Gr., § 116, 1/21.

kann gelegentlich aus- und inlautend zu *ch* verschoben sein (147, 7/9/10; 152, 2; 239, 9). – s) Des öfteren fehlt am Wortende ein *-t* (22, 8; 43, 8; 45, 7). – t) Die alemannische Einheitsendung *-ent/-ont* beherrscht die Pluralformen und den Imperativ der Verbalkonjugation (2, 2; 2, 5; 8, 9; 8, 11; 20, 10). – u) Apokope ist sehr regelmäßig durchgeführt; Synkope kommt selten vor.

3. *Mundart, Provenienz, Entstehungszeit.* Alle früheren Herausgeber sind sich darüber einig, daß der Text in alemannischer Mundart aufgezeichnet ist[43]. Diese Ansicht ist in die Sekundärliteratur übernommen worden. Die vorstehenden Hinweise auf graphische, lautliche und sprachliche Eigenheiten (III, 2.) bestätigen, wie sehr das Alemannische dominiert und den *L*-Text sprachlich prägt. Zur Abrundung führe ich noch einige ausgewählte alemannische Sonderformen mit jeweils einem Textbeleg an[44] : a) *mü̆get* (5, 7; zu *müejen*) – b) *ir hant* (11, 9) – c) *munt* (18, 8; zu *mugen*) – d) *ir sont, es kunt* (38, 11; 92, 12 südalem. zu *soln, kumen*) – e) *sie, sig* (13, 9; 18, 1; = *sî*); *sigest* (59, 4 = *sîst*); *drig, drige* (57, 13; 58, 1) – f) *gent, lant* (58, 7; 58, 12; Imp. 2. Pl. von *gëben, lâ̧zen*) – g) *ich tragen, dankon* (77, 2; 156, 7 westalem.) – h) *ir went* (92, 5; zu *wellen*) – i) *kon* (240, 8; = *komen*).

Es hat sich jedoch auch gezeigt, daß eine Reihe von sprachlichen Eigenarten auf das Bairische bzw. Südbairische und einige wenige Charakteristika auf das Mittel-

---

43 Auch in den Ausgaben sonstiger Texte der gleichen Handschrift findet sich diese Feststellung, so etwa in der oben unter III, 1. zitierten Edition von V. Junk, S. XXXVII.

44 Belege finden sich in den oben zitierten Grammatiken von K. Weinhold und H. Paul (Anm. 26, 28, 31) sowie bei Matthias Lexer, Mittelhochdeutsches Handwörterbuch, 3 Bde. Leipzig 1872–1878; auf Einzelverweise verzichte ich.

deutsche, Ripuarische verweisen[45]. Es lassen sich dafür
ein paar weitere Belege zusammenstellen: A. bairisch:
j) *b* > *p* im Inlaut vor *t* sowie öfter anlautend (3, 3;
28, 11 = mit Schwund von *-en* nach Nasal; 66, 11; 79,
10) – k) *-age-* > *-ait* vor *t* (5, 13; 13, 4; 31, 8) –
l) *truht* (12, 8; zu *drücken*) – m) Nasalschwund nach
Diphthong *-ie-* (33, 4) – n) *gesân* (41, 10). B. mittel-
deutsch: o) Apokope von *t* nach *h/ch* (22, 8; 30, 5; 33,
5) – p) *knupte* (32, 4; zu *knüpfen*) – q) *fürten, fürt*
(159, 5; 160, 8; zu *vürhten* mit elidiertem *h*, jedoch obd.
umgelautet).

Aufgrund dieses mundartlichen Befundes, der die star-
ke lokale Gebundenheit des Textes widerspiegelt, wird
man sagen dürfen, daß der *L*-Text nicht sehr weit von
den Schauplätzen der ‚Ecken‘-Handlung entstanden sein
muß. Wie P. B. Wessels und H. de Boor (s. Bibliographie)
halte ich ein ursprünglich Südtiroler mündliches Epos für
gesichert, das wohl nach einer ersten Aufzeichnung im
südbairisch-mittelalemannischen Grenzgebiet eine ripuari-
sche Umformung erfahren hat und über diese Zwischenstufe
ein verlorenes französiches Artusepos beeinflußt haben kann.
Der alemannische Neubearbeiter dieser uns nicht überlieferten
ripuarischen Version[46] wird die mitteldeutschen Sprach-
formen seiner Vorlage bereits weitgehend beseitigt haben;
erhalten blieben lediglich dem Alemannischen verwandte

45 Vgl. III, 2. e), f), h), k), l), p) für das Bairische; A. (*v* > *w*), g), l)
(falls Geminate nach Langvokal und Diphthong auf eine Kürzung
der Vokalquantität hindeutet) für das Mitteldeutsche. Auf das
Ripuarische verweist außerdem die Praxis der Handschrift, ein *e*
über normalerweise lange Vokale zu schreiben (vgl. V. Moser,
Anm. 30).

46 Eine Klärung der Frage, wieweit der Verfasser des ‚Goldemar‘,
Albrecht von Kemenaten, auch als Autor von ‚Eckenlied‘,
‚Sigenot‘ und ‚Virginal‘ zu berücksichtigen ist, kann erst ein ein-
gehender Stilvergleich aller vier Dichtungen mit Hilfe von Elek-
tronenrechnern bringen.

Relikte. Bei seiner Bearbeitung konnte er — daher die
kräftigen mundartlichen Bezüge unseres Textes — auf die
in der Literatur reichlich belegte, lebendig gebliebene
mündliche Überlieferung des ‚Ecken'-Stoffes zurückgrei-
fen[47]. Über den Aufzeichnungsort der hier vorgelegten,
uns erhaltenen Abschrift der *L*-Fassung[48] lassen sich nur
Vermutungen anstellen. Bestimmteres könnte eine dialekt-
geographische Analyse der Textschichten ergeben[49]. Die
Handschrift läßt, auch nach ihrer Anlage, am ehesten an
eines der großen alemannischen Klöster (St. Gallen?)
denken.

Über die Datierung unseres Textes gehen die Meinun-
gen auseinander. Einige behaupten, die Handschrift stam-
me aus dem 13. Jahrhundert bzw. vom Ende des 13. Jahr-
hunderts, die Mehrzahl setzt sie in das 14. Jahrhundert[50].

---

47 Ich beabsichtige, die mehrfachen Anspielungen auf die Münd-
lichkeit in *L* (79,4; 106,3; 165,8; 179,7; 209,10; 221,11) im Zu-
sammenhang mit dem sprachlichen Formelgut des Textes zu un-
tersuchen, sobald die in Anm. 25 angekündigte, auch dieses Ma-
terial gesondert erfassende Computeranalyse des Textes vorliegt.

48 Daß unser Text nach einer Vorlage aufgezeichnet wurde, zeigen:
a) korrigierte oder unkorrigierte Zeilenverwechslungen (3,7; 23,4;
70,9; zwischen 77,1 und 77,2; u.ö.) — b) versehentliche Wort-
und Zeilenwiederholungen (21,9; 36,7; 37,3; 79,13; 87,6; 113,6;
nach 223,3; u.ö.) — c) Randnachträge und -korrekturen (74,8;
162,2) — d) korrigierte Verschreibungen (154,3; 155,2; 164,4;
174,6; u.ö.). Die Selbständigkeit des Schreibers (in Anlehnung
an die mündliche Überlieferung?) wird da deutlich, wo er logisch
und sprachlich einwandfreie Passagen nachträglich an die Vorlage
angleichen muß (110,11 *erslagen* > *erwalt; 147,5 er do nam >
lait er an*) oder Dialektformen aus Reimgründen ändert (139,8
vrǒwan > *vrǒwen*) oder unnötige Aufschwellungen wegläßt
(157, 9/10) oder die Vorlage logisch korrigiert (164,4) oder
ganze Passagen der Vorlage erst nachträglich anfügt (166).

49 Vgl. Anm. 25. So einfach, wie sie V. Junk (s. oben III,1;
S. XXXVII) darstellt, liegen die Verhältnisse nicht.

50 Ende 13. Jh. = K. A. Barack, S. 51 und V. Junk, S. XVIII
(s. III,1); 13. Jh. (mit Fragezeichen) = Karl Goedeke, Grundriß

XXVI

Ich glaube, die Handschrift ist früher entstanden. Man muß sie um die Mitte des 13. Jahrhunderts, nicht nach 1260 ansetzen[51]. Für diese frühe Datierung[52] sprechen sowohl paläographische Kennzeichen[53] als auch überzeu-

zur Geschichte der deutschen Dichtung. [2]Dresden 1884, S. 195. 14. Jh. = Franz Pfeiffer, Mariae Himmelfahrt von Konrad von Heimesfurt. ZfdA 8 (1851), S. 156. Davon abhängig sind alle folgenden, in der Bibliographie verzeichneten Autoren: Julius Zupitza, Prolegomena (1865), S. 8f.; Wilhelm Wilmanns, Zur Geschichte des Eckenliedes (1871), S. 97; Ernst Panzer, Zur Entstehungsgeschichte (1910), S. 25 sowie A. Clemens Schoener (Hg.), Der Jüngere Sigenot. Heidelberg 1928 (= Germanische Bibl. III. Kritische Ausgaben altdt. Texte 6), S. X.

51 Es war mir eine Freude, vom gründlichsten Kenner gotischer Buchschriften, Joachim Kirchner, unter dem 30.6.1971 eine uneingeschränkte briefliche Zustimmung zu meiner, zusammen mit Handschriftenkopien vorgetragenen, Datierung zu erhalten. Zu J. Kirchners letzter wichtiger Buch-Veröffentlichung auf diesem Spezialgebiet vgl. J. Janota (Anm. 2), S. 9*.

52 Noch früher, nämlich „wohl in die 4 ersten Dezennien des XIII. Jahrhunderts", hat Ottmar F. H. Schönhuth die Handschrift in seiner Ausgabe von 1846, S. CLXXI datiert (s. Bibliographie), allerdings nur unter Hinweis auf „die alten Sprachformen".

53 Der Text ist in einer zierlich-genauen frühgotischen Buchschrift aufgeschrieben, und zwar dreispaltig. Die gegen Ende des 13. Jahrhunderts auffallende doppelte Brechung der Vertikalschäfte der Minuskeln *i, m, n, r, u* ist noch nicht durchgeführt. Die während des 13. Jahrhunderts verschwindende Schreibung δ für den Diphthong *uo* ist noch vorwiegend verwendet. Das *i* hat noch durchgehend den dünnen Strichakzent, der im 14. Jahrhundert durch einen Punkt ersetzt wird. Ebenso ist die gegen Ende des 13. Jahrhunderts selten benutzte Ligatur von *oe* die Regel, sofern *e* nicht übergeschrieben ist. Ein genauer Vergleich paläographischer Details zeigt eine weitgehende Übereinstimmung mit dem 3. Schreiber der Carmina Burana-Handschrift, die Bernhard Bischoff auf etwa die Mitte des 13. Jahrhunderts datiert (Einführung zur Faksimile-Ausgabe der Benediktbeurer Liederhandschrift. München 1967, S. 14), Peter Dronke, auch aufgrund kunstgeschichtlicher Evidenz, auf das frühe 13. Jahrhundert (A Critical Note on Schumann's Dating of the Codex

gende sprachlich-formale Gründe[54]. Außerdem verweist die ganze Anlage der Pergamenthandschrift mehr auf das 13. als auf das 14. Jahrhundert.

Die älteste erhaltene schriftliche Überlieferung des ‚Eckenliedes‘ ist demnach nur etwa 30 Jahre jünger als die Handschrift C des ‚Nibelungenliedes‘. Und ihre verlorene Vorlage würde diesen zeitlichen Abstand noch mehr verringern, wenn nicht ganz aufheben. Wir können deshalb nicht umhin zu überlegen, ob die Abfassung und schriftliche Aufzeichnung des Nibelungen-Epos und die vom Zeitlichen her wohl als „konkurrierend" zu begreifende[55], mit dem ersten Eintritt in die volkssprachliche Schriftlichkeit verbundene gattungsmäßige Ausformung der „späten Hel-

---

Buranus. PBB (Tüb.) 84 (1962), S. 173–183. Interessant ist, daß Paul Lehmann (vgl. B. Bischoff, Einführung, S. 14) meinte, der Codex Buranus – der ja eine alte ‚Ecken‘-Strophe enthält – sei in Südtirol entstanden, während B. Bischoff zusätzlich für das südliche Kärnten plädiert.

54 Die vollen Endsilbenvokale sind noch weitgehend erhalten. – Der Übergang von *m* > *w* in *wan* = *man* nimmt im Alemannischen im Laufe der mittelhochdeutschen Zeit progressiv zu. *L* hat diese Form *wan* für *man* noch relativ selten, etwa im Verhältnis 1:3 bis 1:4. Vgl. Weinhold, Mhd., § 178 und III/2, C. oben. – Die „Synkopierung" von *u* nach *w* reicht nur bis ins 13. Jahrhundert. Sie tritt noch durchgängig auf. Vgl. ebd., § 178 und III/2, A. oben. – Seit dem 13. Jahrhundert erscheint *won* statt *wan*. Diese Vokalverdunkelung ist nur zu etwa zwei Dritteln durchgeführt. Vgl. Weinhold, Alem., § 25 und III/2. B. oben. – Die bei Weinhold, Alem., § 75 erwähnte alemannische Umformung von *üe* zu *ü̂/ü* ist in *L* noch nicht bis zum späteren *ü* fortgeschritten, für das Weinhold Belege von 1258 und 1298 anführt. Vgl. III/2, g) oben. – Die Abschwächung von *uo* > *ue* ist eine Erscheinung des 13. Jahrhunderts. Vgl. III/2, f) oben.

55 Wenn der literarisch bezeugte ‚Goldemar‘-Autor Albrecht von Kemenaten bereits um 1230 bekannt war, führt ein weiteres Werk der in der Eckenstrophe abgefaßten Dietrichsepik sehr nahe an die Jahrhundertwende heran.

---

denepik" um Dietrich von Bern[56] — zumindest der wie das
‚Nibelungenlied' strophisch, im Eckenton abgefaßten —
nicht in viel engeren und kommunizierenderen geistes- und
literaturgeschichtlichen Zusammenhängen gesehen werden
muß als das bisher geschehen ist.

---

56 Friedrich Ranke (Von der ritterlichen zur bürgerlichen Dichtung.
In: Annalen der deutschen Literatur. Hrsg. v. H. O. Burger.
²Stuttgart 1971, S. 188) behandelt die Dietrichsepik noch un-
ter dem Stichwort „Entartung der Heldenepik".

IV Bibliographie

1. Ausgaben

[J. v. Laßberg] (Hg.), Eggen-Liet, das ist: Der Wallere, von Heinrich von Linowe . . . aus der ältesten geschrift, also zum ersten mal ans liecht gestellt, durch meister Seppen von Eppishusen, einen farenden schueler. Gedrukt am obern markt, uf neu iar 1832

O. F. H. Schönhuth (Hg.), Die Klage sammt Sigenot und Eggenliet, nach dem Abdruck der ältesten Handschriften des Freiherrn Joseph von Laßberg. Mit Einleitung und Wörterbuch. Tübingen 1839, [2]1846

F. H. v. der Hagen (Hg.), Ecke. Aus Laßbergs Handschrift. In: Heldenbuch. Altdeutsche Heldenlieder aus dem Sagenkreise Dietrichs von Bern und der Nibelungen. 2 Bde. Leipzig 1855, Bd. 2, S. 21–102

J. Zupitza (Hg.), Ecken Liet. In: Deutsches Heldenbuch. Fünfter Teil: Dietrichs Abenteuer von Albrecht von Kemenaten nebst den Bruchstücken von Dietrich und Wenezlan. Berlin 1870, S. 219–264

O. L. Jiriczek/R. Wisniewski (Hgg.), Kudrun und Dietrich-Epen in Auswahl mit Wörterbuch. Stuttgart 1895, [6]Berlin 1957 (= Sammlung Göschen 10), S. 75–103 [78 Strophen, Auswahl nach J. Zupitzas Ausgabe]

2. Allgemeines

Die deutsche Literatur des Mittelalters. Verfasserlexikon. Hrsg. v. W. Stammler und K. Langosch. Berlin 1933–1955. Bd. 1, Sp. 490–494 (H. Steinger) und Bd. 5, Sp. 162–163 (H. Rosenfeld)

XXX

H. de Boor, Die deutsche Literatur im späten Mittelalter. Zerfall und Neubeginn. Erster Teil 1250–1350. [3] München 1966 (= Geschichte der deutschen Literatur von den Anfängen bis zur Gegenwart, Bd. III/1), S. 159–161, 184

W. Grimm, Die deutsche Heldensage. [3] Gütersloh 1889, Register S. 507

B. Symons, Heldensage. In: H. Paul (Hg.), Grundriß der germanischen Philologie, III. Bd. [2] Straßburg 1900, S. 606–734, bes. S. 639f., 698

H. Schneider, Das mittelhochdeutsche Heldenepos. ZfdA 58 (1921), S. 97–139, bes. S. 130f.

H. Schneider, Heldendichtung – Geistlichendichtung – Ritterdichtung. [2] Heidelberg 1943, S. 399f.

C. H. Lester, Dietrich von Bern und Theoderich der Große in der deutschen Literatur. Diss. Masch. University of California, Los Angeles 1955

A. Heusler, Deutsche Versgeschichte, Bd. 2/III. [2] Berlin 1956 (= Grundriß der germanischen Philologie 8/2), S. 287f.

P. B. Wessels, Dietrichepik und Südtiroler Erzählsubstrat. ZfdPh 85 (1966), S. 345–369 [gehört auch unter 4.]

3. Entstehung, Verfasser, Überlieferung

I. Zingerle, Die Heimat der Eckensage. Germania. Vierteljahrsschrift für deutsche Alterthumskunde. 1. Jg. (1856), S. 120–123

K. Müllenhoff, Zeugnisse und Excurse zur deutschen Heldensage. ZfdA 12 (1860/65), S. 357, 375–378, 423f.

L. Uhland, Schriften zur Geschichte der Dichtung und Sage. Bd. 1. Stuttgart 1865, S. 407–411

J. Zupitza, Prolegomena ad Alberti de Kemenatem Eckium. Diss. Berlin 1865

W. Wilmanns, Zur Geschichte des Eckenliedes. In: Altdeutsche Studien. Hrsg. v. O. Jänicke, E. Steinmeyer, W. Wilmanns. Berlin 1871, S. 97–140

Th. Elze, Tirol und das Eggenlied. Wiener Abendpost, Nr. 206, Wien 1874, S. 1645

F. Vogt, Zum Eckenliede. ZfdPh 25 (1893), S. 1–28

F. Saran, Wirnt von Grafenberg und der Wigalois. PBB 21 (1896), S. 418f.

S. Singer, Besprechung von: C. Voretzsch, Die Composition des Huon von Bordeaux. AfdA 27 (1901), S. 323 Anm.

W. Vogt, Ortnits Waffen. Fragen und Untersuchungen zur Text- und Sagengeschichte des Eckenliedes. In: Fs. des Germanistischen Vereins in Breslau. Leipzig 1902, S. 193–203

O. Warnatsch, Die Sage vom Wunderer und den Saligen in ihrer literarhistorischen Gestaltung. In: Fs. des Germanistischen Vereins in Breslau. Leipzig 1902, S. 177–192

O. Freiberg, Die Quelle des Eckenliedes. PBB 29 (1904), S. 1–79

R. C. Boer, Das Eckenlied und seine Quellen. PBB 32 (1907), S. 155–259

H. Laßbiegler, Beiträge zur Geschichte der Eckendichtungen. Diss. Bonn 1907

R. C. Boer, Die Sagen von Ermanarich und Dietrich von Bern. Halle/Saale 1910 (= Germanistische Handbibliothek X)

E. Panzer, Zur Entstehungsgeschichte und Verfasserfrage des Sigenot und des Eckenliedes. Diss. Handschrift Wien 1910

H. Schneider, Die Gedichte und die Sage von Wolfdietrich. Untersuchungen über ihre Entstehungsgeschichte. München 1913, bes. S. 192–197

H. Schneider, Zur Eckensage. In: Studien zur Heldensage. ZfdA 54, N. F. 42 (1913), S. 354–359

G. Boos, Studien über das Eckenlied. PBB 39 (1914), S. 135–174

C. Brockstedt, L'origine française des épopées populaires du moyen-haut-allemand. Revue germanique 10 (1914), S. 273–293

H. Hempel, Untersuchungen zum Wunderer. Diss. Halle/Saale 1914, bes. S. 75–97

H. Patzig, Dietrich von Bern und sein Sagenkreis. Dortmund 1917, S. 52–62

H. Becker, Vom Lesen des Mittelalters. Die Gedichte aus dem Sagenkreis der Nibelungen und Dietrichs von Bern in Urteil und Wertung ihrer Zeitgenossen. Diss. Masch. Leipzig 1923

H. Hempel, Thidrikssaga und Eckenlied. In: Die Handschriftenverhältnisse der Thidrikssaga. PBB 48 (1924), S. 424–426

A. Wallner, Zeugnisse zur Heldensage. ZfdA 65 (1928), S. 224

H. Steinger, Fahrende Dichter im deutschen Mittelalter. Mit einem Nachwort von H. Naumann. DVjs 8 (1930), S. 61–81

W. E. D. Stephens, Thidrikssaga and Eckenlied. In: London Mediaeval Studies I/1. London 1937, 85–92

G. F. Jones, Dietrich von Bern as a Literary Symbol. PMLA 67 (1952), S. 1094–1102

H. Schneider, Germanische Heldensage. I. Bd. [2]Berlin 1962 (= Grundriß der germanischen Philologie 10/I), S. 255–263 [gehört auch unter 4.]

H. de Boor, Albrecht von Kemenaten. In: Kleine Schriften. 1. Bd. Berlin 1964, S. 198–208

H. de Boor, Zur Eckensage. In: Kleine Schriften. 2. Bd. Berlin 1966, S. 1–12

J. L. Flood, Theologi et Gigantes. MLR 62 (1967), S. 654–660

J. Heinzle, Zur Überlieferung des Eckenliedes: Das sogenannte Bruchstück m[2] [erscheint in ZfdA 1973/74]

4. Interpretation

K. Müllenhoff, Der Mythus von Beowulf. ZfdA (1849), S. 419–441

K. Weinhold, Die Sagen von Loki. ZfdA 7 (1849), S. 1–94

W. Mannhardt, Germanische Mythen. Forschungen. Berlin 1858, S. 88–92, 168, 171, 210, 354

L. Uhland, Schriften zur Geschichte der Dichtung und Sage. Bd. 8. Stuttgart 1873, S. 529, 548–551

J. Grimm, Deutsche Mythologie. 4. Ausg. besorgt von E. H. Meyer. Bd. I. Berlin 1875/76, S. 197f, 529. Vgl. auch Bd. III. Gütersloh 1878, S. 494

E. H. Meyer, Germanische Mythologie. Berlin 1891 (= Lehrbücher der germanischen Philologie I), S. 144

O. L. Jiriczek, Dietrichs Kämpfe mit mythischen Wesen. In: Deutsche Heldensagen. 1. Bd. Straßburg 1898, S. 182–210

H. Friese, Thidrekssaga und Dietrichsepos. Untersuchungen zur inneren und äußeren Form. Berlin 1914 (= Palaestra 128), bes. S. 68–88

R. Hünnerkopf, Beiträge zur deskriptiven Poetik in den mittelhochdeutschen Volksepen und in der Thidrekssaga. Diss. Heidelberg 1914. Borna-Leipzig 1914

H. Becker, Warnlieder. Bd. 2: Hildebrand, Dietrich, Kudrun. Leipzig 1953, S. 165–189

I. Wenzel, Dietrich von Bern und seine Kämpfe mit dämonischen Wesen. Diss. Masch. Wien 1954, bes. S. 77–116

G. Plötzeneder, Die Gestalt Dietrichs von Bern in der deutschen Dichtung und Sage des frühen und hohen Mittelalters. Diss. Masch. Innsbruck 1955, bes. S. 133–154 [gehört auch unter 3.]

J. Billen, Baum, Anger, Wald und Garten in der mittelhochdeutschen Heldenepik. Diss. Münster 1964

H. P. Pütz, Studien zur Dietrichsage. Mythisierung und Dämonisierung Theoderichs des Großen. Diss. Masch. Wien 1969

G. Zink, Eckes Kampf mit dem Meerwunder. Zu Eckenlied L. 52–54. In: Mediaevalia litteraria. Fs. für H. de Boor zum 80. Geburtstag. Hrsg. v. U. Hennig und H. Kolb. München 1971, S. 485–492 [gehört auch unter 3.]

1 Ain lant, das hies sich Gripiar
   — das ich *i*u sag, das ist war —
   bi haidenschen ziten.
   do wart verkeret sit das lant,
  5 d*i*u hœbstat drin was Kœln genannt:
   des lobte man es witen.
   swer das für aine luge hat,
   der frag es wise l*i*ute.
   won es wol gesriben stat,
  10 als ich *i*uch hie bet*i*ute.
   d*i*u stat dem Rine nahe lit
   und ist gar wol erb*i*uwen:
   des ist ir name wit.

2 Es sasen held in ainem sal;
   si rettont wu*n*der ane zal
   von userwelten rekken.
   das aine was sich her Vasolt
  5 — dem warent schœne vroewan holt;
   das ander was her Egge;
   das dritte der wild Ebenrot.
   si retont al geliche,
   das nieman ku*e*ner wa*e*r ze not,
  10 den von Bern her Dietheriche:
   der wa*e*r ain helt über all*i*u lant.
   so wa*e*r mit listen ku*e*ne
   der alte Hilth*ebrant.*

3 Hern Eggen, dem was harte lait,
   das man den Berner vil gemait
   do lopte vor in allen.

2,2 wuder   2,12/13 *in einer Zeile* hilth
2,7 eben rot

er sprach: „wie ist den li̇uten geschehen?
5 nu hat man doch von mir gesehen
vi̇l mengen nider vallen
durch haernesch tot verseret;
ir moeht der rede erwinden.
nach im erstrich ich, *swo er keret,*
10 di̇u lant. ich muos in vinden
und striteclich im bi gestan.
er tuot mich libes ane,
ald sin lob muos zergan.

4 Er hat min lop gar in getan,   **133**
und sol *im* das vergeben stan —
das ist mins herzen swaere,
die wil ich nu geleben mak.
5 und kaeme nu der saelden tak,
das mir noch der Bernaere
gestuoende striteklichen bi,
unz ich an im ervunde,
ob er ain helt waer wandels fri,
10 als man giht, von grunde:
so wurd ich vro von der geschicht,
sit man im lobs in strite
nu vor in allen giht.

5 Die welt ist wunderlich gemuot,
so ainer dik das beste tuot,
das man sin lop niht misset:
das ist mir hi̇ut und iemer lait.
5 das man sin lop so hohe trait
und mines gar vergisset,
das tuot mir we und mueget mich.
swer sin nu wol gedenket,

3,7	*vor* tot *getilgt*: nider	4,3	hersen
3,9	swo er k. *fehlt*	4,8	erwnde
3,12	libe	5,1	wnderlich
4,2	in		

2

das wissint, das der swachet sich
10 und hat mich ser gekrenket.
es ist mir h*i*ut und iemer lait,
das man niht in den landen
das beste von mir sait.

6 Doch wundert mich al min*i*u jar,
das man dem Berner so gar
das beste hat gesprochen
in allen landen dort und hie.
5 sin hohes lop nie missegie:
kae*m* ain*e*r dort her gekrochen,
der lobt in *ou*ch mit worten gu*o*t.
wie ser mich des verdr*i*usset,
das ain*e*r dik das beste tu*o*t
10 und er des niht gen*i*usset.
vil menger in nach wae*n*e lobt
und etswer nach liebe:
d*i*u welt wol halb*i*u tobt.“

7 Do sprach der wilde Ebenrot:
„er slu*o*g vil lasterlichen tot
vro Hilten und *hern* Grinen
umb aine brün, die er nam;
5 die tru*o*k er lasterlichen da*n*.
sin lop — das mu*o*s im swinen —,
das er ob allen küngen hat,
jo ho*e*r ich hart ungerne.
es wart so frümic nie die tat
10 hern Dietherichs von Berne,
als ir e von im hant vernomen:
und wa*e*r Grin erwachet,
er wa*e*r nie dannan komen.“

8 Do sprach sich der herre Vasolt:

6,6	ainr	7,2	vro
6,9	ainr	7,5	dam
7,1	eben rot		

„ich bin weder *v*ient noch holt,
ich gesach in nie mit o*u*gen.
die aber den helt ie hant gesehen,
5 die ho*er* ich im ie das beste jehen.
d*i*u red ist ane lo*u*gen,
das er der kuenste ist ze not,
der ie den to*u*f enphienge.
nu sagent mir, her Ebenrot,
10 wa im ie missegienge,
ald ir zaigent mir noch ainen man,
der *im* bi sinen ziten
noch ie gesigte an.

9 Der han ich doch niht vil vernomen,
und sin lop ist gar vürkomen:
das ho*er* ich alle sprechen.
die in stürmen in hant gesehen,
5 die ho*er* ich im das beste jehen.
was wolt ich an im rechen,
das ich in zige mordes gros?
das *taet* ich ane schulde
und wurd aines lugeners genos
10 und verl*ü*r o*u*ch gottes hulde.
we, *w*arumbe ta*et* ich das?
sit man im giht das beste:
das las ich ane has.

10 Sit das d*i*u sa*e*ld ist im beschert,
sin lop wit in dem lande vert.
dast mengem herzen swa*e*re,
das im der saelden niht engan:
5 der dunket mich niht ain wiser man.
sit das nu den Berna*e*re
vro Saelde hat an sich genomen,

8,2   wient   9,8   tat
8,12 in   9,10   verlur
9,2   ist und gar   9,11   varumbe

4

so endarf in nieman swachan.
er ist mit eron dannan komen.
10 wan sol es besser machen,
und waer es war, das niht enist:
er sluog si an schande
durch sines libes vrist."

11 Also rett nun her Vasolt hie.
her Ebenrot im das enpfie
nüt wol. er sprach zem rekken:
„ir sprechent doch, des muos ich jehen,
5 das ir in seltan hant gesehen,
und welt sin laster dekken:
so sint ir in unmuos vil bekomen.
es ist erschollen wite.
ir hant iuch sin vast angenomen
10 und liegt ob sinem strite:
ir hant der warhait niht gesehen.
das ir in lobt nach wane,
das ist ane not geschehen."

12 Herr Vasolt sprach — er was ain helt:
„sit ir mirs niht geloeben welt,
das ist mir gar unmaere:
so sprich ich doch, sam mir min lip,
5 das er Grinen und sin wip,
der edel Bernaere,
so lasterlichen niht überwant.
si truht in also sere:
do half im maister Hilthebrant,
10 das der degen here
sluog den man und ouch das wip
uf ainem gruenem plane.
sus nert er sinen lip."

11,4–6 *am Innenrand nachge-*
    tragen
11,10 ligt

12,2 goloeben
12,4 sammir
12,7 übervant

13   Do sprach her Egge: „das ist war.
her Dietherich ist *v*ollekomen gar
an fürsteclichen eren.
er trait von hoher wirde ain hant,
5   erst ganzer tugent ain adamant,
wan sol *sin* lob *w*ol meren,
bas danne ander künge drie,
sit er so frümeclichen
über alle künge krone sie.
10   swer sin denke uppeclichen
hie, dem geschehe nimer wol.
er ist so tugentriche
und aller ere vol.

14   Doch red ich es dar umbe niht,
sit man im gar das beste giht,
swa man in hoeret nemmen.
das ist war, wan ich bestan *ou*ch in.
5   es wais noch nieman, wer ich bin:
wan mu*o*s *ou*ch mich erkennen.
ich han michs baidenthalb verwegen,
ich verlies alder ich gewinne.
vro Saelde mag min also pflegen,
10   das ich im nim die sinne:
so hoert man in den landen sagen,
und sprechent: ‚seht, her Egge
hat den Berner erslagen!‘

15   Ich bin wol zwainzig jar alt
und *han* wol hundert man erfalt,
durch heln tot verseret.
die falt ich gar mit miner hant
5   mit tie*f*an w*u*ndan auf das lant,
als ain rone reret

13,1   wollekomen   15,2   han *fehlt*
13,6   sin *fehlt* vol   15,5   tieffan   wndan
14,9   salde

6

und als der wint die bome tuot
in gebirg und an den liten.
swas mir bekam ie helde guot
10 in stürmen ald in striten,
den han ich noch gesiget an.
doch ist min groest*i*u swaere,
das *i*ch niht ze fehten han.

16 Wer solt mir des genade sagen,
ob ich bestu*o*ende zwelf zagen
und ich si überwunde:
da waere wenig ru*o*mes an.
5 bestu*o*end ich ainen frumen man,
ob ich den iendert funde,
der mir verh*i*uwe minen schilt
und mir den heln verr*o*ete,
das er *ze stucken* wurd gezilt,
10 und mich der slege n*o*ete —
und m*o*eht ich dem gesigen an,
des h*e*t ich grosser *ere*
den ich slu*o*g zwelf swache man."

17 Hie waren nach gesessen bi
vil schoener küneginne dri
und horten dis*i*u maere.
d*i*u hoehste von den *drin* do sprach:
5 „ouwe, das ich in nie gesach!
wer ist der Bernaere,
dem nu so hohes lobes giht
vil menig helt vermessen?
ob in min *o*uge niht gesiht,
10 so hat min got vergessen,
und mu*o*s *o*uch gar unsaelig sin.
sol ich den helt niht scho*u*wen,

15,11 *fehlt*   16,9 zestuken
15,13 das *am Ende von 12* Iich   16,12 hat ere dan
16,8 verrote   17,4 zwain

min vroed ist gar da hin.

18   Ich bit, das saelig sig das wip,
die ie getruok so werden lip,
von dem üns disiu maere
erschellent", sprach diu künegin.

   5   „genuoge, herre, valschent in
und hant es zainer swaere,
das man dem helde sprichet wol.
si munt mit im niht dringen
an manhait noch an eren zol:

10   so mag in niht gelingen.
sus stat in ob sin lob vil gar:
si wendent es mit ellen,
er hat es siniu jar."

19   Diu selbiu suberlichiu maget
diu hies vro Seburk, so man saget,
diu hoehstiu der küneginnen,
diu ze Jochgrim kroene truok:

   5   rich und edel was si genuok.
si sprach: „wiltu gewinnen,
Egge, so wis willekomen
und bis vil wol enpfangen.
ich han so vil von dir vernomen,

10   das ich her bin gegangen.
du wilt den Berner gern bestan: **134**
mit baiden minen oren
ich das gehoeret han."

20   Er sprach: „ich han mirs an genomen.
ich muese niemer hinnan komen,
ob ers iht werd erlassen.
ist das diu saelde mir beschicht,

   5   das in min ouge an gesiht,
so muos ich sin verwassen,
ich wels in gar guetlich bitten

18,5 here   20,1 mis

      durch iu drig küneginnen.
      versait er mirs mit unsitten,
10   ich twinc ins mit unminnen:
      das habent uf die saelde min."
      des naig im *do dur* liebiu
      diu edel künegin.

21   Si sprach: „sit in dem willen bist,
      so gib ich dir ze dirre vrist
      die aller best brünne,
      die mannes ouge ie gesach
5   *und der man ie für aigen jach*
      dem hoehsten künges künne:
      von Lamparten künig Ortenit
      der nam dar in sin ende.
      ain wurm in slaffend *zainer* zit
10   vant vor aines staines wende.
      der truok in in den holen berk
      und lait in für die jungen:
      die sugen in durch das werk.

22   Die selben brünne lobelich
      erstrait von Kriechen Wolfdietherich,
      dast war, an alle schande.
      des libes hat er sich bewegen,
5   ze Tischen bruodert sich der degen,
      ze Burgun in dem lande.
      aldar gab er die brünne guot;
      sin kloster macht er riche.
      sin sünde buost der hohgemuot
10   ains nahtes sicherliche:
      si was ob allen buozen stark.

20,12	dor	22,7	brunne
21,5	*fehlt; nach Zupitza*	22,8	mach
21,7	otenit	22,10	siccherliche
21,9	in zainer	22,11	buosen
22,2	volfdietherich		

alda kouft ich die brünne
umb fünfzic tusent markt.

23 Ich sag dir, Egge, wie er faht
mit aerebait die ersten naht,
do er sich münchon solte:
das kam von sines herzen kraft.

5 der abt und sin bruoderschaft
ins niht erlassen wolte:
er buoste sine sünde da
und stuont uf aine bare.
si tatent im den segen na,

10 das sag ich dir zeware:
mit allen den toten er da rank,
die er sluok von kinde.
des hab sin sele dank.

24 Diu brünne ist gar stahels blos:
die ringe guldin fingers gros
gehert in traken bluote.
das ich dir sage, das ist war:

5 kains swertes snid ir als ain har
gewan nie diu vil guote.
diu wart geworket in Arabi
usser dem besten golde:
ir wont aines landes koste bi,

10 swer si vergelten solde.
sich, Egge, die wil ich dir geben,
ob du den Berner vindest,
das du in lassist leben."

25 Er sprach: „vrouwe, ich las in leben,
und wil er mir sin swert uf geben:
dast ane missewende.
das doch vil kume mak geschehen,

5 ich hoer im sölcher manhait jehen.
got mir sin helfe sende,

23,4 do sinez   23,6 in

10

des wirt mir si*ch*erlichen not:
won üns zwen nieman schaidet,
es entu*o* des ainen tot.
10 wirt er da mit geklaidet,
so hat der ander grossen pris:
von mannen und von wiben
wirt im lob menge wis."

26 Si sprach: „sol ich den helt gesehen,
so ka*n* mir lieber *niht* geschehen
in allen minen jaren.
sin werdekait d*i*u vert entwer
5 in allen landen hin unt her.
in wais, wie ich sol gebaren:
sin hoher nam der to*e*tet mich.
es ka*e*m mir liht ze gu*o*te,
sa*e*h ich den fürsten lobes rich:
10 ich lies in us dem mu*o*te.
in wais, wes er mich hat gewent,
das sich als unverdienot
min herz nach im sent."

27 Er sprach: „ich bringe *in,* sol ich leben,
— des wil ich *i*u min tr*i*uwe geben —
da her in kurzen ziten.
des mugt ir *i*uch wol an mich lan,
5 wan er sich niht verbergen kan
in den gebirgen witen.
ich bring *i*u her den werden man,
swa er mir wirt gezaiget.
das wissent, swa ich in *v*inden kan,
10 sin nam der wirt genaiget,
ald er benimt mir sa das leben."
do sprach d*i*u küneginne:

25,7	si*cc*herlichen	27,1	in *fehlt*
26,2	kam niht *fehlt*	27,9	winden

„got mues dir saelde geben."

28
Dis hort ain alter varnder man.
er sprach: „herr, dast nüt wol getan!
welt ir den Bernaere
bestan durch iuwern übermuot,
5 iuwer ende wirt niht guot.
geloubent mir aine maere:
ellendes vatter ane spot
ist er. was er gewinnet,
das tailet er vil gar durch got:
10 die ere er sere minnot.
und welt ir üns penem den man,
das wende got der guote;
und muoessent ir da bestan."

29
Do sprach diu edel künegin:
„trut geselle, erkennest du in?
so sag üns von im maere."
„ja ich", sprach der varnde man;
5 „er ist ain ritter lobesan,
der edel Bernaere,
und ist zen brusten harte wit,
gestalt alsam die louwen."
do sprach her Egge bi der zit:
10 „hie mit wil er üns trouwen."
„nu wol hin", sprach der vaernde man.
„jo wert er sich vil lihte,
als er me hat getan."

30
Zwo hosan hies si tragen dar,
die waren baide guldin gar
und lieht alsam diu brünne.
si sast in nider uf das lant:
5 in schuocht der küneginne hant.
si sprach: „got saelde dir günne,

30,1 im   30,6 *fehlt*
30,5 schuoch diu

12

das du den Berner bringest gesunt
her üns drin küneginnen!
so solt du wellen an der stunt
10 und ünser aine minnen,
swelch*i*u dir dar zuo bas behag:
des hast du pris und ere.
*v*ür war ich dir das sag."

31 Ain swert, das hies si tragen dar:
noch besser danne guldin gar
wa*r*n im die helzan baide
ietwederthalben vor der hant.
5 sin knoph was ain scho*e*n jochant,
guldin so was d*i*u schaide.
sin ortbant was ain rot rubin.
si sait im liebiu ma*e*re,
das da von bortesiden fin
10 des swertes fessel wa*e*re.
es was vil war, des si im jach,
won es her Egge selbe
mit sinen *ou*gen sach.

32 Ainen helm si im uf bant
— noch herter den ain adamant —
mit ir wol wissen handen;
si knupte wol den riemen strik.
5 an si so tet er mengen blik:
das wart im sit enblanden.
si duht in minneclich genuog;
do bedros in niht der *v*erte,
die er lobt, als *si* im gew*u*ok.
10 si frumt in in die herte
und in so michel ungemach,
das si in mit ir *ou*gen

30,11 svelchiu   32,8 werte
30,13 wür   32,9 si *fehlt* gewok
31,3 wan

lebend nie mer gesach.

33   Si bot im ainen *n*iuwen schilt:
da wart mit sper nie durch ge*zilt*
von kainer slahte juste.
da hie*n*gent tusent schellan an,
5 geworch*t* von koste lobesan.
der daht in da zer bruste
und was *ou*ch gu*o*t ze grosser not.
den bots im mit den henden.
si sprach: „got welle dir dan den tot
10 under die br*ü*nne senden,
so blibst du harte wol gesunt:
du maht von kainem waffen
da durch werden w*u*nt.“

34   Si hie*s* im ziehen dar zeh*a*nt
das beste ros über alliu lant,
das im d*i*u waffen tru*e*ge.
er sprach: „das ros sol hie bestan,
5 ich mag ze fu*o*sse vil wol gan;
jo bin ich ze ungefu*e*ge.
es trait mich doch die len*g*e niht
mit aller siner krefte.
nu wissent, vro*e*we, swas mir beschicht,
10 das ich mich niht behefte
mit ros: ich gan fierzehen naht,
das mir hunger noch mu*e*de
benimt wol mine maht.“

35   Si sprach: „Egge, la dich erbitten:
durch minen willen *w*is geritten;
jo schiltet man mich sere.
swar so du nu der lande verst,

33,2   gesto ; gezilt *nach* d   33,13 wnt
33,4   hiegent   34,1 hie*z*   zehent
33,5   geworch   35,2 vis
33,10 brunne

  5 min lop du gaende mir verzerst.
     wan sprichet mir kain ere,
     won: das ich gar verwassen si,
     das ich dir gab die brünne
     und dir nih*t* rosses gab da bi;
10 phi *mir* und *m*inem künne. —
     da von rit es, die wil es wer!"
     „vroewe, ich mag wol ze fuosse.
     erlant mi*r*s, dast min ger."

36   Hie mitte hat er irs versait.
     urlup nam er zer schoenen ma*it*
     da harte minnecliche.
     die drig künegin beliben hie;
  5 ze fu*o*sse er von dannan gie.
     hin luf der ellentriche.
     alsam *ain* lebart in den walt
     sach man in wite springen.
     den heln man horte mae nic*v*alt
10 wider us dem walde erclingen,
     reht als ain glogge wae*r* erschalt:
     swa in ain aste geru*o*rte,
     mit clang *er* im das galt.

37   Der don in das gebirge gie,
     schellende dort unt hie:
     was er des *wildes* erschr*achte*
     ietwederthalb *hin* in den walt!
  5 der vogel stimm wart maenig*v*alt,
     do er si erwachte.
     der schilt, den er zem arme tru*o*k,

35,9	nih	
35,10	im sinem	
35,13	mis	
36,2	magt	
36,4	drig	
36,7	ain *doppelt*	

36,9	mae nicwalt	
36,13	er *fehlt*	
37,3	wildes *doppelt* erschalte	
37,4	hin *fehlt*	
37,5	*wie 36,9*	

wolt clingens nie geswigen.
vogel und tier genuog
10 diu habton zuo den stigen
und schouton sin wol swinde vart:
sus im von wilden tieren
vil nach gekaphet wart.

38 Von vogeln wart ob im ain schal.
den walt, den luf er hin ze tal;
er kam uf aine gruene,
an ain vil eng gebiuwen lant:
5 ainen ainsidellen er vant.
den vragt er, als ich tiute,
ob im iht kündig moehte sin,
wie ver noch waer ze Berne.
„triuwen", sprach er, „herre min,
10 das sag ich iuch vil gerne.
ir sont talanc alhie bestan:
dar sint noch zwelf mile;
dar mugent ir niht gegan."

39 Diu naht begund im gesigen an,
her Egge sprach: „ich wil hie bestan
die naht unz an den morgen."
in wais, gab im sin wirt genuog:
5 swas er des sinen dar getruog,
das tet er gar mit sorgen.
wie dike er ob dem tische sprach:
„wirt, bist iht dik ze Berne?
des landes fogt ich nie gesach,
10 den saeh ich harte gerne."
„herre, ich was naehtint spate da,
do sach ich in da haime:
er ist niht anderswa."

40 „Wirt, du hast mir genuog gegeben.

37,9 wogel   37,11 si wart
37,10 haton   38,8 wer

16

und sol ich kaine wile leben,
ich danke dir der maere
und ouch der handelunge din:
5 das hab du uf die triuwe min.
und vind ich den Bernaere,
das ist von dinen schulden komen.
und vind ich da den vaigen."
hie mit wart urlup da genomen;
10 den stik bat er im zaigen.
,,nu baitent, unz es werde tak."
er sprach: ,,mich zwinget min herze,
das ich niht slaffen mak."

41 Vor dem tak, so schiet er dan.
er kam uf ain getriben ban,
diu truog in hin ze Berne.
die langen naht geruowet er nie;
5 des morgens in die stat er gie:
den bu, den sach er gerne.
swa er hin in den strassan gie,
das liut begund in fliehen
uf die türn; — nu merkent wie:
10 si gesan nie man so schiehen.
das hort man im ze Berne jehen:
er moht von rehter wilde
zen füesen niht gesehen.

42 Do gab in der strasse schin
ietwederthalp diu brünne sin,
als ob enzündet waere.
reht alsam ain glünsende gluot
5 luht im sin schilt und ouch sin huot.
do sprach sich ain Bernaere:
,,ja, herre! wer ist jener man,
der dort stat in dem fiure?
er trait so liehten haernasch an

40,6 wind   42,1 im

10 und ist so ungeh*i*ure.
und stat er *aine* wile da,
die gu*o*ten stat ze Berne
verbrennet er ie sa."
43 Lute rief der ellentrich:
„wa ist von Bern her Dietherich?
den han ich vil gesu*o*chet.
*w*on mich hant vro*u*wan usgesant,
5 und han erstrichen vrömdiu lant
nach *im,* ob ers geru*o*chet.
si sint rich, scho*e*n und edel genu*o*g;
des lat *i*uch nich*t* verdriessen.
si saehen *in* gern: si sint so klu*o*k,
10 er mo*e*ht ir wol geniessen.
ich wart nie mere vro*u*wan bot:
ich han durch si gelo*u*ffen
no*c*h mere danna durch got."
44 Do *sprach* sich maister Hil*t*hebrant:
„in gesach nie me so rich gewant
von golde in so*e*lcher lenge.
jo red ichs niht durch kainen has:
5 *i*u kaem *ain* schaprun michels bas,
ain rok gesnitten enge,
danne das ir in garzuns wis
verwaffent herren su*o*chent.
an *i*uwer brünne lit grosser flis:
10 sin milti sig verflu*o*chet,
der iu si gab, des wil ich bitten.
in also richer wa*e*te
soltont *ir* han geritten."

„Ich kan von *gaen*ne niht gesagen;
kain ros das moht mich her getragen",
so sprach der degen m*ae*re.
„mich hant her in dis lant gesant
5 drige küneginne *w*ol erkant,
ob ich in den Bernaere
m*oeh*t bringen in ir aigen hus.
mit harte gu*o*ten eren
so m*oe*ht er schaiden wider us,
10 swa hin er wolte keren:
des gib ich im die tr*i*uwe min.
si saehen in harte gerne;
nach im sie tragent pin."

46 „Wie getorst ir her ze Berne gan?
die raise solt ir han verlan",
sprach Hilthebrant dem jungen.
„ir kent mines herren sitten:
5 er fiht mit denen, die sint geritten,
ir farent erst von sprüngen.
ich rat *i*uch wol nach friundes sitten,
nu ho*e*r die rede gerne:
volgont ainer ander strasse mit*ten*
10 und *h*ebt iuch bald von Berne.
wan min herre, der ist so getan:
wolt er mit lottern vehten,
er mu*o*es *i*uch o*u*ch bestan."

47 Under d*i*u o*u*gen er im sach;
das wort er zorneclichen sprach:
„ir straffent mich ze harte.
die rede solt ir han verlan."
5 so sprach der unverzagte man:

45,1   ka*e*n; *zu* gâhen; *mit*   46,9   mit
       Umlaut und Kontraktion   46,10 bebt
45,5   vol
45,7   moh

„het ich *i*uch bi dem barte
vor der porte uf der haide brait:
es w*u*rd *i*u liht ze laide;
des gib ich *i*u min si*ch*erhait.
10 sus ich mich hinnan schaide.
vür war, so wil ich *i*u das sagen:
durch *i*uweren vogt von Berne
so wil ich *i*us vertragen.“

48 Vor zorn her Egge niht mer sprach.
maister Hilt*h*ebrant wol sach,
das im d*i*u red was swa*e*re.
do tet er als ain wiser man;
5 er sprach: „ich hans durch schimph getan.
gelo*u*bent mir ain ma*e*re:
m*i*n herre ist hie haime niht;
den za*i*g ich *i*u vil balde:
er rait, als man *i*u hie ve*r*giht,
10 ze Tirol gen den walde.
nu seht, da vindent ir den helt.
ir varn*t* in den geba*e*rden,
reht als ir str*i*tten welt.

49 Lat *i*uch niht strites wesen not:
er hat vil mengen degen tot
ge*v*ellet uf den samen
mit siner ellenhafter hant.
5 er ist ain degen wit erkant;
ir durfent sin niht ramen.
und ist das ir den werden helt
darumbe niht wellent sch*i*uhen
und nu want mit im striten welt,

47,6	hat	48,8	zag
47,8	wrd	48,9	verhiht
47,9	siccherhait	48,12	varnd
48,2	hiltebrant	48,13	striten
48,6	gelobent	49,3	gewellet

10 so durfent ir niht flíuhen.
ist das ir im gesigent an,
so kumt her dan gen Berne:
so wil ich íu bestan."

50 In die hant nam er sin swert;
urlup er ze nieman gert:
er begunde dannan gahen.
im wart da für die porten ga*ch* —

5 die líute kaften alle nach,
unz si in ferrost sahent.
war er des landes kerte hie,
des braht er síu wol innan:
die Etsch er hin ze berge gie;

10 das sahen*s* ab den zinnan.
von schulde *man* im sterche jach: 136
er gie des tages von Berne
unz er Triend ane sach.

51 Uf Triend, die burk, er dannoch gie.
es wart im bas erbotten nie.
si vragten in der maere,
wannan er landes kaeme dar;

5 díu maere sait er in vil gar:
„ich suoch den Bernaere.
den fund ich gern, und wis ich wa:
ich het in gerne erkennet."
si wistont in uf des berges sla,

10 der Nones was gennet.
die naht er da der ruewe phlak:
unz an den liehten morgen
der rais er sich bewak.

52 Do kert er mornunt in den tan.
do sach der wunderkuene man

50,4 gahen   50,11 man *fehlt*
50,10 sahen*s*   52,2 wnderkuene

ain wunder zuo im gahen:
das was halp ros und halbes man;
5 es truok hürnin gewaeffen an.
als es im kam so nahen,
ain gern fuort es in der hant
mit wunderlicher grimme.
den schos es sa uf den wigant.
10 vil griulich was sin stimme,
das der walt vil gar erdos
da von dem merewunder.
des es sit niht genos!

53 Es moht der brünne niht geschaden,
da mit her Egge was geladen;
so fest wan ir die ringe.
ain scharphes swert fuort es an der hant,
5 das sluog es sa uf den wigant.
Eggen ze ungelinge
gab es im ainen soelhen slak,
das der degen kuene
viel und unversinnet lak
10 da uf dem anger gruene.
er waent er muese beliben tot:
sin zorn in schier erwahte
und half im usser not.

54 Herr Egge, der degen also guot,
gewan ainen grimmen muot
an den selben stunden.
das swert, das fuort er mit der hant:
5 er schriet im durch sin hürnin gewant
aine starke wunden,

52,3	wnder		53,4	scharphe
52,8	wnderlicher		53,7	er
52,12	merewnder		53,9	unversinnen
53,1	brunne		54,6	wnden

das das merwunder tot
viel nider an den stunden;
wan es wart von bluote rot
10 von der vil tiefen wunden,
die im Egge hat gegeben,
in ungefuegem zorne:
sus nam er im das leben.

55 Hern Eggen wart von strite hais;
da von im nider ran der swais.
sin ruowe, diu was harte *lank*;
zuo ainer linden er bekam.
5 do vant er ainen wunden man
in liehtem wicgesaerwe *krank.*
her Egge zuo dem wunden sprach:
„wer hat dich, helt, verhouwen?
lait ist mir din ungemach;
10 ich wolt in gerne schouwen.“
er sprach: „es tet der Berner guot.
im mag nieman gestriten,
er hat ains louwen muot.“

56 Her Egge sas nider zuo dem man;
die wundan messen er began
mit baiden sinen handen.
„waffen!“ sprach *er* unde rief,
5 „ich gesach nie wunden mer so tief
geslagen in allen landen:
ich han die zit mit strit vertriben
in gebirg und der wilde.
helt, din ist niht ganz beliben
10 under heln noch under schilde.

54,7	merwnder	55,7	wnden
54,10	wnden	56,2	wndan
55,3	krank	56,4	er *fehlt*
55,5	wnden	56,5	wnden
55,6	wit gesaerwe krank		
	fehlt hier, vgl. 55,3		

enkain swert es getuon enmak;
es hat getan von himel
der wilde dunrslak."
57 Do sprach der *totwunde* man:
„mir hat der hagel niht getan
ze laide an minem libe.
ich erdaht mir selb *die* arebait:
5 selb fierd ich von dem Rine rait
durch willen schoener wibe;
da wolt ich ruon erworben han.
wie ser ich des engilte!
uns wider rait ain kuener man,
10 der fuort an sinem schilte
ain louwen, was von golde rot.
der bestuont üns alle fiere:
die drig, die sluog er ze tot.
58 Die drige, die wil ich niemer clagen:
si warent alle sament zagen,
si wertent sich niht lange.
nu wan ouch ich der fierde bin:
5 est umb min leben gar da hin,
der tot hat mich ergangen.
gent mir der erd in minen munt
won durch die gottes ere:
so wirt min sel gen got gesunt.
10 nu fragent mich niht mere:
mir tuont die wundan also we!
durch got lant mich geruowen.
ich mag niht leben me."
59 Er sprach: „helt, du darft dich niht schamen!
du sag mir rehte dinen namen
won durch din selbes ere.
mich wundert, wie du sigest genant.

57,1	tote wnde	58,11	wndan
57,4	die dis	59,4	wndert

5 nu tuo mir sin fart bekant,
so frag ich dich niht mere."
„Helfrich von Lun: der nam ist min.
min bruoder hies der starke
Ludgast; der dritte was Ortwin;
10 und Hug von Tenemarke:
die drig hat er bi mir erslagen.
und solt ich leben lange,
ich wolt si niemer klagen."

60 „Helt, nu sag mir an dirre zit:
do er mit iu huob sinen strit,
wie hat ers an dem libe?"
der wunde do zem risen sprach:
5 „so kuoenen man ich nie gesach
geborn von ainem wibe
ze solcher lenge, so er hat —
so kan im niht genossen.
nu wissint, das sins herzen tat
10 ist manhait vol gestossen.
des man von reht in schiuhen sol.
sin moehte ain her engelten
in ainem strite wol."

61 Er sprach: „und saehd in iendert bar?"
„ja, wir sahen alle dar:
nu hat er üns betoubet.
sin haernasch luter unde glanz,
5 sin waffen, das was alles ganz
von erd unz uf das houbet.
sin heln glast üns durch die gesiht:
den *blik* wir muosen verliesen.
ich kund sin niendert bloese niht
10 won da zen ougen *kiesen*.

59,7	luu	61,8	dik
59,8	starche	61,9	nienrdert
60,4	wnde	61,10	grisen

25

der frag ich *i*emer gern enbir:
so man mir in vor nennet,
zehant so gruset mir."

62   Do sprach her Egge sa zehant:
„er was dir ander*s* niht bekant
nuwan bi sinem schilte?"
der w*u*nde do ze Eggen sprach:

5   „so starchen man ich nie gesach.
von Bern so ist der milte.
so helf dir got, nu sch*i*uh den man;
du darft nach im niht fragen.
won zwar du tu*o*st das bo*e*ste dran,

10   und wilt dus uf in wagen.
du la den degen han gemach,
ald dir beschicht zeware
reht als o*u*ch üns beschach.

63   Er ist ain degen hohgemu*o*t,
won er mit grim das beste tu*o*t,
swen er in zorne fihtet.
das sprich ich uf die tr*i*uwe min:

5   wirt dir sin ungenade schin,
zehant er dich berihtet
mit slegen in den grimmen tot.
das hab uf mine tr*i*uwe!
da von la dir niht wesen not:

10   ich fürht, es dich ger*i*uwe.
er trait ain swert so lobesan:
slu*e*g ers uf aine mure,
si mu*e*s von an ander gan."

64   Do sprach her Egge wider in:
„du waist niht rehte, wer ich bin;
ich trag o*u*ch, das da bisset:

61,11 niemer   62,4 wnde
62,2 ander*z*

ain vil guot swert an miner hant.
5 tuost du mir sine vart bekant,
sit er sich mordes flisset,
dast war: ich riche dich an im sa."
do sprach der mit den wundan:
„herre, so nemt min ors al da,
10 da ir es seht gebunden.
geratent ir im rehte nach,
ir hant in schier erritten:
jon ist im niht ze gach."

65 Er sprach: „din ros sol hie bestan;
du maht wol genesen, frumer man,
an dinen starken wundan,
die dir der Berner hat geslagen.
5 die wil ich iemer mit dir klagen."
er bat im an den stunden
vil rehte zaigen uf den spor.
der wund slos in mit armen.
alsus gestuont er im do vor:
10 er begund in ser erbarmen.
zehant er zuo im nider sas.
er het vil nach gewainet;
sinr vroed er gar vergas.

66 Diu driu ros sluog er in den tan,
das fierd lies er gebunden stan
vast an des bomes aste.   **137**
der wunde wider uf gesach.
5 das wort er jaemerlichen sprach:
„es hat *mich* menge raste
getragen mit den kreften sin
entzwüschen Koeln und Spire.

64,5	wart	66,4	wnde
64,8	wndan	66,5	wor
65,8	wnd	66,6	mich *fehlt*
65,12	hat		

zwar min gelich wart niendert schin
10 in Walhen noch in Stire,
in Swaben noch in Paiern lant,
dar zuo in Francriche:
des hat mich Bern gephant.

67 Wan von dem herren Dietherich
han ich erlitten sicherlich
gar ungefuegen smerzen.
das ich in strites bestanden han,
5 des lig ich als ain toter man,
zerhouwen gen dem herzen,
das ich vil kume mag genesen:
des bin ich vroeden ane.
mir welle den got genedic wesen,
10 min leben stat in wane."
er sprach: „vil werder degen here,
verbint mir die wunden
durch aller vrouwen ere."

68 Her Egge endaht in tugent san:
er verbant den wunderkuenen man.
der wunde degen maere
wiset in vil rehte uf das phat,
5 da von im geriten hat
der edel Bernaere.
mit grossen kreften in den tan
nach im huob sich her Egge,
des er vil grossen schaden nan.
10 der unverzagte regge,
dem was ze strite also gach,
das er niht ruowon mohte;
dem stige zogt er nach.

69 Erst sait von Lune Helferich,

66,9 niedert   68,2 wnderkuenen
67,2 siccherlich   68,3 wnde
67,12 wnden

wie zwene fürsten lobelich
im walde zesamen kament:
her Egge und ouch her Dietherich.
5 die riuwent baide sament mich,
won si den schaden namen.
so rehte vinster was der tan,
da si an ander funden:
her Dietherich und der kuene man
10 wol an den selben stunden.
her Egge, der kam zuo gegan:
er lie da haim vil rosse;
das was ser missetan.

70 Der tan, der wart durliuhtet fin:
ir haernaesch gab so liehten schin
alsam ain braehendiu sunne.
swar si da kerten in den walt,
5 die zwene kuene helde balt,
da schain es sam da brunne:
so schoene luhte Hiltegrin,
der was gar valsches ane.
hern Eggen heln gap widerschin,
10 der luhte niht nach wane.
ir luhten, das was so getan,
als man zwen volle maene
saeh an dem himel stan.

71 Her Dietherich wand das Hiltegrin:
da gab ir baider helme schin,
do er so schon erluhte;
er bran alsam ain kerze klar.
5 sins viendes wart er nie gewar,
der lofend uf in duhte.
wie dik er sprach zem helme sin:

69,10 won   70,12 wolle
70,3   an   71,6   ien
70,8   walsches

„wie bistu hint geschoenet!
dem smide muos zergan sin pin,
10 des hant dich hat gekroenet:
des wünschet im min zunge gar.
so du ie elter wirdest,
so wirst ie liehter var."

72 Hie mit hat in der ris ergan.
lofend so hort er den man
wol rosseloffes ferre.
gaend er in der brünne spilt:
5 swen der halsperg ruorte den schilt,
so hort in ie der herre.
er sach in gewaffent zuo im gan.
do sprach der Bernaere:
„ich solt iu, herre, mit gruos enphan,
10 obs iuwer wille waere.
nu sagt mir, war ist iu so gach?
wer hat iu her gesendet?
wie lofet ir mir nach?"

73 Er sprach: „wan hat mich her gesant,
und han erstrichen vroemdiu lant
nach hern Dietherich von Berne:
dem hort ich ganzer tugende jehen.
5 er solt schoene vrouwan sehen;
das taet er lihte gerne.
ich sait im von drin künegin,
sint edel unde riche."
„maenik Dietherich mag ze Berne sin;
10 maint ir den Dietheriche,
dem Diethmar da Berne lie
und aendriu siniu aigen:
den fint ir an mir hie."

72,2 lofent   73,1 von: *alem. man*
72,9 gruoʒ

74   Als Egge Dietherichen vant,
do rief er über schiltes rant:
„nu kera, degen maere!
uf minen fuessen ich hie stan;
5 ich mag dich laider niht ergan:
das ist mir harte swaere.
an aelliu ros ich her bin komen
durch die drig küneginnen,
als du selbe hast vernomen.
10 du maht an mir gewinnen
die aller besten saerewat,
die kaines riches kaisers
kint an dem libe hat."

75   Er sprach: „du hast dich us getan,
du fuerst die besten brünne an:
die solt du mir hie nennen,"
— sus sprach der herre Dietherich,
5 von Bern ain fürste lobelich —
„ob ich si mug erkennen.
nu sag mir iren namen gar
— ich antwürt dir e niemer —,
sit si ist so rehte clar.
10 und rueftest du mir iemer,
das hast du gar umb sus getan,
du wellist mir den künden,
wie si dich kaeme an."

76   Her Dietherich, der was unverzait:
des heldes wort was als ain ait.
der stolze degen *here,*
her Egge, rief in dike an:
5 der vil wunderkuene man,

74,7   aen
75,2   brunne
75,5   an
76,1   unverzagit

76,2   an
76,3   maere here
76,5   wnderkuene

31

er enrette mit im niht me*re*,
e das der degen lobesam
*i*m saite von dem waffen,
das er bi den ziten an
10   tru*o*k gar *a*n alles straffen.
her Egge sich do gar bewak,
das er im sait d*i*u mae*r*e,
wie es umb sin waffen lak.

77   Er sprach: „genen da her an mich!
aine brünne tragen ich,
vil hert sint der die ringe.
si ist o*u*ch wis alsam ain swan.
5 es gewan nie kainer slahte man
mit waffen dran gelingen:
das sag ich dir uf minen ait.
si ist so wol gemachet,
das man ir lop so witen trait.
10 mit swerten nie geswachet
wart *si* so clain als umb ain har.
nie man wart drin verseret:
das sag ich dir für war.

78   Nu kera, helt, her ane mich!
ainen heln, den trage o*u*ch ich,
der hat vil menge gu*e*te.
ain bant von golde dar über gat,
5 das den heln alsumbe vat,
geworchet uf *haiser* glu*e*te.
er wart o*u*ch *nie* von waffen w*u*nt.
getwerk, die in machten schone:
des wart in goldes tusent phunt
10 da von dem helm ze lone.

76,6   me
76,8   iem
76,10 a*e*n
77,11 si *fehlt*

78,6   kaisers
78,7 nie *fehlt*
78,7 wnt

den machton zwelf mit flis ain jar.
in mag nieman verseren
als *ti*ur als umb ain har.

79 Vil werder degen, ker an mich!
ain vil gu*o*t swert, das trag ich,
das smittont vil getwerge.
uns sait d*i*u avent*i*ure clu*o*k:
5 si worchtont w*u*nders gar genu*o*k
in ainem holen berge
von menger liehter sarewat
und ander gu*o*t gesmide,
das *ou*ch riche koste hat.
10 er moht wol wesen plide,
der des swertes maister was:
der worcht im knoph und helzen
clar als *ain* spiegelglas.

80 *Do* das swert gesmidet wart
— ain sahs hies man es an der vart —,
ze hant wolt man es klaiden.
die herren, die berietent sich,
5 wie si dem swerte lobelich
geworhton aine schaiden.
si gew*u*nnen ainen froemden mu*o*t
und worhten*s* usser golde.
der vessel was ain porte gu*o*t:
10 lieht, als in tragen solde
ain künic, dem dienten d*i*u getwerk.
der buwt mit grossen eron
lang ainen holen berk.

81 Dannoch was es niht *v*ollebraht.
die herren hatont gar gedaht

79,13 ain *doppelt*   80,8 wohrten*z*
80,1 wan   81,1 wollebraht
80,7 gewnnen

                   — das wisset sicherliche —,
das si us santont vür den berk.

5   do fuertons zwai wildiu getwerk
wol durch niun künecriche,
bis das sü kament zuo der Dral,
diu da ze Troige rinnet.   **138**
das swert, das was so lieht gemal:
10 reht sam ain rubin brinnet,
sus luhten im die vessel sin.
si hartens in der Drale,
des wart es also fin.

82 Das swert, das was vil lank verholn,
iedoch so wart es sit verstoln
von ainem argen diebe.
der kam geslichen in den berk
5 reht alsam ain wild getwerk.
dem künge Ruotliebe,
dem wart es sit ze handen braht;
der kund es wol behalten.
er hates der siten sin gedaht:
10 der wart es nie verschalten,
unz das sin sun wuohs ze ainem man;
der wart da mit ze ritter:
des menger not gewan.

83 Sus wuohs *Herport* ze ainem man;
sin tiurlich sahs er an sich nan —
er was ain degen kuene.
da mit er Hugebolden sluok
5 und wurchte wunders gar genuok
in ainem walde gruene
mit siner ellenthafter hant.

81,3	siccherliche	81,12	hartenz
81,4	ür	82,10 ·	verschchalten
81,5	fuertonz	83,1	her port
81,7	biz	83,5	wrchte wnders

des wart im lop ze lone.
sus er den degen überwant.
10 der truok des landes krone
und was ain ris unmassen gros;
er *tet* den cristan laide,
es lebt niht sin genos."
84 Der Berner sprach: „sit es so guot
ist, das es risen schaden tuot
mit siner scharphen sniden,
so *w*il ich dich niht hie bestan.
5 ich *h*et es e vil nach getan;
nu wil ich dich vermiden.
ich *h*ete guoter wi*tz*e niht,
swen ich dran gedaehte,
das man im so*e*lches prises giht,
10 und ich dan mit dir faehte:
so bruoft ich mir selben aerebait.
ich wil mit dir niht fehten,
es sig dir widersait."
85 Her Egge sprach: „ich han gelogen!
mit dem swert bin ich betrogen;
ich wais niht, wie es snidet.
ich sait dirs durch din manhait.
5 ich sih wol, dir ist fehten lait:
din lip vil tugende midet.
ich wand, es waer a*i*n sit an dir;
des han ich hie niht funden.
verwassen mu*e*se sin, der mir
10 dich lobt ze kainen stunden!
du maht wol haissen Dietherich:
dem fürsten da von Berne
tuost aber niht gelich."
86 Do sprach der Berner harte guot:

„helt, durch dinen übermuot
so hastu mich bescholten.
din herze mag wol sin verfluocht
5 alder din ellent unversuocht:
des han ich hie engolten.
das du mich so gestraffet hast,
das missezimt dir sere,
und mich niht mit gemache last.
10 darumbe ich mich von dir kere.
doch bait, unz mornunt kum der tak:
ich lid von dinen handen,
swas mir geschehen mak.“

87 Er sprach: „schaid ich alsus von dir,
so solt du wol geloeben mir,
ich maehte sanfter sterben.
und oewe, wie han ich ertobt,
5 das ich dich zagen gelobt!
wie maht du lob erwerben?
verwassen muesens iemer leben,
die din ie wol gewuogen!
dem tievel sin die stig ergeben,
10 die mich her nach dir truogen,
sol ich min vinden han verlorn!
das du ain zage waere,
das het ich wol versworn.“

88 Her Dietherich sprach: „hast ritters namen,
so maht du dich wol iemer schamen,
das du niht kanst geswigen!
was zihst du mich an diner vart?
5 waer ich als du den vroewan zart,
so fluocht ich niht den stigen,
swar si durch vroewan truegen mich:
des wolt ich nuwen lachen.

86,5 ellet   87,13 hat
87,6 Ich moechte sanfter sterben

der herren tük bewist du mich
10 und wilt dich selber swachen.
wes ist dir strites mit mir not?
hie ist nieman, der üns schaide,
es tuo des ainen tot.

89 Ich wil dich strites niht bestan:
du hast mir laides niht getan",
also sprach der Bernaere,
„dar umbe ich striten wel mit dir.
5 den dinen übermuot verbir;
ich han sin grosse swaere,
das du durch dine vroewen clar
erbiutest mir din striten.
ich wünsche, das dich got bewar,
10 won ich wil von dir riten.
minen dienst sag den vroewan din
von dem Bernaere! ich welle
ir ritter iemer sin."

90 „Von dir sag ich in niht ain har,
wan du bist aller eren bar;
zaghait dich fliehen leret.
diu schande hat dir an gesigt,
5 din herze grosses lasters phligt:
du bist iemer geuneret!
swen ich den vroewan sagen sol,
das du mir bist entrunnen,
wer sol dir danne sprechen wol
10 ald kainer eren gunnen?"
er sprach: „welt den sagen war,
so tet ich iu nie laides
so tiur als umb ain har."

91 Er sprach: „und schaid ich mich also
von dir, so wird ich niemer vro

90,1   nih   90,8   endrunnen
90,2   lertet

und moeht *ou*ch sanfter sterben.
we, das ich niht begraben bin!
5 nu zihent mich die künegin,
ich kunne niht eron erwerben.
sihstu niht mine br*ün*ne g*uo*t
und dis edel gesmide?
da sugen w*ur*me durch das bl*uo*t
10 dem kaiser *O*rtnide.
nu strit noch helt, unerforcht:
min haern*a*esch, der ist guldin;
us gold der sahs geworchet."

92 Er sprach: "ich fiht umb niemans golt!
und welt ir mir niht wesen holt,
das ist mir harte sw*a*ere.
ich han *i*u laides niht getan;
5 *w*es went ir mich engelten lan?"
also sprach der Bernere.
"nu ge, als üns mug ergan,
wan ich wil mit *i*u striten;
des mugt ir *i*uch wol an mich lan,
10 welt ir so lange biten,
bi*s* der tag git sinen schin:
es kunt dannoch ze fr*ue*ge
uns, uf die tr*i*uwe min."

93 Her Dietherich geswaig im do.
her Egge rief im aber so:
"nu kera, degen ma*e*re!
ein ponit vor miner bruste stat,
5 das vil wol durchberlot hat
d*i*u küneg*i*nne gew*a*ere.
si hat ir flis daran gelait
mit ir geswestran baiden.

91,7 brunne   92,5 des
91,9 wrme   92,11 bi*z*
91,10 otnide   93,6 künegenne

es ist vil hübes und gemait,
10 als ich dich han beschaiden.
ʋil maenig jochant wol getan
lit drinne und edel staine:
das wissist sunder wan.

94 Und menig merwunder fin,
das ist von gold gelenket drin
da nidenan bi dem orte.
galander, *sidchust,* nahtegal
5 sint dar gewurket ane zal:
sus ist der edel borte
gezieret, der es umbegat.
das wissist sicherliche:
dar an lit mengiu waehiu nat
10 und menik koste riche,
der ich dir niht genennen kan.
si moehte wol mit eren
ain kaiser tragen an.

95 Die zierd kan nieman abgeschaben,
wan si in golde hant vergraben
die küneginne maere.
ain adalar dar obe swebt
5 von golde: reht alsam er lebt.
nu genend an *mich* Bernaere!
gewinnest du mir die brünne an,
die mahtu gerne schouwen;
wan si ist so wol getan.
10 mir gaebent si die vrouwan,
die mich nach dir hant gesant,
ze solde, das ich dich braehte
ze Jochgrim in ir lant."

96 Her Dietherich swigen do began.

93,11 wil	94,8 siccherliche
94,1 merwnder	94,12 so
94,4 = *sitich*	95,6 mich *fehlt*

her Egge rief in aber an:
„nu kera, degen here!
obd ie gewunnest mannes muot,
5 so ker her, werder degen guot,
durch aller vrouwan ere.
du fliuhest hiut ain din genos,
das wissist sicherlichen.
wie mag ie sin din lop so gros
10 in allen disen richen?
des muos mich iemer wunder han.
swer din iemer priset,
dem wil ich widerstan.

97 Sit ich dich sih so gar verzagt,
bistu von dem man maere sagt
den rittern und den vrouwan?
drig edel küneginne her   139
5 hant mich nach dir gesendet her;
die maht du gerne schouwen.
si sint alle in miner pfleg.
nu merke miner maere:
swen ich den sag, das mich die weg
10 fluhe der Bernaere,
so muos din hohes lop zergan,
und lok min bruoder Vasolt,
der dich lobt für ainen man.“

98 Er sprach: „hat mich min herre Vasolt
gelobt, des bin ich im vil holt:
got las in lop gewinnen!
du sprichest der küngin sigint dri:
5 und wis ich, wer ir aine si,
so kom ich niemer hinnan.

96,4 gewnnest   97,3 ritten
96,8 siccherlichen   97,13 lob
96,9 lip   98,5 ir *fehlt*
96,11 wnder

das wir umb si hie fehten gar,
des munt si dort wol lachen.
ich waen, si ain des lebens bar

10 under üns zwain wellint machen.
mich wundert, was si das gefrumt,
ob ainer hie belibet
und der ander hinnan kumet.''

99 Her Egge zorneclichen sprach:
,,ich het ouch gerne guot gemach,
möht es sich gefuegen,
das ich belib an argen wan.

5 nach dir ich vil geloufen han,
des la dich gewegen.
ker her! und wage dinen lip
durch willen aller maide
und ouch durch alliu rainen wip.

10 e das ich von dir schaide,
so erbaize nider und strit mit mir,
das mich got hiute velle
und kum ze helfe dir.''

100 Der Berner sprach: ,,du wilt niht leben,
sit du mir den hast vor gegeben,
der alle die welt wol sluege:
er sluog wol aine tusent schar

5 und wurde doch niemer haernaeschvar.
das du sin ie gewuege
und dich des helfe hast ensait,
das mak dich ouch wol riuwen
und mak dir ouch wol werden lait.

10 das sag ich dir entriuwen:

98,9	aim	99,6	gevegen
98,11	wndert	100,5	wrde haernaechwar
99,2	hat	100,6	gewege
99,4	aen	100,7	enʒait

41

ich *wil* dar umbe dich bestan!
es ergang mir, swie got welle;
du wirst es niht erlan."

101 Her Dietherich von orse sas;
wie schier her **Egge** komen was.
er hat das ors gebunden
*v*il fer ze ainem bom hin dan.
5 er luf her wider zu*o* dem man:
„alrerst han ich dich funden
uf der erd hie bi mir!
nu gesich die küneginnen.
das ros ist worden t*i*ure dir:
10 du maht mir niht en*t*rinnen.
und wilt dus niht vil gerne gesehen,
so hab uf mine tr*i*uwe,
das es doch mu*o*s beschehen."

102 Er sprach: „dinr ho*f*art mich be*v*ilt;
das du mich betwingen wilt,
das wirt dir lihte swa*e*re.
wie dunk ich dich so vingerzam?
5 ich bin am libe niendert lam.
ich *ir* dich liht der ma*e*re,
die du den vro*u*wen sagen solt,
das si dir werdent wilde.
wan ich bin dir ze massen holt."
10 sus graif er gen dem schilde.
her **Egge** ain vil gu*o*t swert erbart,
da mit heln unde brünne
*v*il vor ge*s*roten wart.

103 Sam tet her Dietherich das sin.
ir baider liehter helme schin

100,11 wil *fehlt*   102,6 ier
101,4 wil   102,13 wil gescroten *vgl. 133,7*
101,10 endrinnen   103,4 wrdent
102,1 hou*f*art   bewilt

42

verblaich von scharphen swerten,
die da mit zorn da wurdent geslagen.
5   si sprachent baid: „won wolt es tagen!
von herzen wir des gerten."
von ir baider helme glast
den risen des beduhte:
das alte lieht waer in ain gast
10   und in ain niuwes luhte.
da versunnen si sich an:
so si ie mere huwen,
so es ie faster bran.
104   Gem tag sungen diu vögellin:
Eggen brün und Hiltegrin
ir singen überclungen.
si ahtent niht uf ir gesank;
5   von strit ir baider heln erklank:
si enruechton, was si sungen.
da wurden zwen versunnen man
von slegen gar ze toren!
das bluot in von den helmen ran
10   zen nasan und zen oren,
das es in durch die ringe flos.
si sassen unversunnen
nider von slegen gros.
105   Ir baider ruowe was unlank:
do ir heln verlien den klank,
ze samene si do sprungen.
do huob sich erst ir ungemach,
5   won in vor nie so we geschach.
ir helme ser erklungen
von grossen slegen durch den hak,
der si sich sere vlissen,
reht als der wilde dunrslak

10 von himel kaem gerissen
und wolt verderben gar ain lant.
alrerst clagt der Bernaere,
das in her Egge vant.

106 Dar nach huob sich ir alter has.
do wart alrerst gestritten bas.
das wissint von den lieden:
sich bruoft ir baider herzelait,
5 da von noch singet unde sait,
e das si sich da schieden,
die zwene helde lobesam,
mit egeslichen wunden.
das fiur in us den helmen bran,
10 das sich die este enzunden,
das man den walt verblichen sach.
der roch drank durch die bome
sam nebel, des man jach.

107 Da wart alrerst ain strit getan:
in torst ain zagehafter man
niemer mit den ougen schouwen.
si tratent umbe die bome ain phat
5 vor zorn an dene selben stat;
sus stritens durch die vrouwan.
her Egge in in dem ringe traip
vil dik unz an das ende.
vor iren fuessen niht belaip
10 so vil so in der hende:
so gar vertraten si das gras,
das nieman mohte kiesen,
was da gestanden was.

105,10 kam
106,3 lieben
106,6 schiden
106,8 wnden
107,2 ien trost

107,6 stritenƶ
107,9 fueƶen *vgl. 34,5; 35,12;*
36,5; 74,4
107,11 sü

108 Als in da baiden luht der tag,
her Egge sluk im ainen slak
al durch den lo*u*wen roten.
dem edeln Berner vor der hant
5 er klop den schilt unz an den rant;
das golt, das wart versroten.
der ris den schilt ze ruggen *w*ant,
er nam*s* swert ze baiden henden.
er hiuwe den schilt im vor der hant
10 vil tiefe gen den enden.
er sprach: „du mu*o*st zen vro*u*wan komen:
erwerst du dich der ferte,
min zorn ist mir bekomen.“

109 Er sprach: „dinr hofart ist ze vil!
und ist, das mir got helfen wil,
so für*h*t ich dich hart klaine.
ich tr*i*uwe dir wol gesigen an,
5 ich toerst dich wol bestan,
wil er mir helfen aine,
den du mir vor gegeben hast:
uf den hab ich gedinge.
du bist der sinne gar a*i*n gast.
10 lies er mir misselingen,
das wa*e*r mir durch den gloeben lait:
ich troest mich siner krefte,
*v*on der man w*u*nder sait.“

110 Die sunne an das gebirge gie:
dem Berner wart so laide nie,
er hate schilts niht meren.
do mu*o*s er wichen vor dem man,
5 da er den walt sach diken s*t*an.
do gieng es an ain reren:
her Egge hu*e*w der este vil

108,7 vant   109,9 an
108,8 nam   handen   109,13 won   wnder
109,3 fürt

hin uf den Bernaere
– *v*ür war ich *i*u das sagon wil –,
10 als er verhagot waere.
er het in da vil gern er*v*alt;
do nerton in die bome,
sin schilt, das was der walt.

111 Swa er in do sach vor im stan,
so mu*o*s er von dem ku*e*nen gan
mit sigelosem strite:
wan er was hert alsam ain berk;
5 er kunde verho*u*wen nie das werk.
Egge slu*o*g in an die wite.
er sprach: „du bist her us bekomen;
ich bra*e*ht dich gern gesunden
den vro*u*wan. hastu das vernomen?
10 ich twinge dich mit w*u*ndan.
das gelo*e*be du mir wol für war:
e das ich di*ch*s erlasse,
du mu*o*st e toter dar!"

112 Er sprach: „got, hilf nach minrer gir!
du hast vil gu*o*tes reht zu*o* mir,
won ich dir wol getr*i*uwe:
durch das lid ich dis a*e*rebait.
5 es hilfet mich niht hares brait,
swas ich uf in geho*u*we:
das kan mir alles niht gevromen.
min kraft, hilf du mir mere,
also das ich von im mug komen
10 mit etteslichen eren: **140**
so hat mich wol din kraft ernert,
erst al der welte sch*i*ure*r*,
swar *ieman* in den landen vert!"

110,9 wür   111,12 dis
110,11 erwalt; *davor getilgt:* erslagen   112,12 sch*i*ure
111,10 wndan   112,13 ieman *fehlt*

46

113 Ir striten, das was zorneclich;
her Egge nam vil kreft an sich,
als er sin erst begunde.
si luffen aber an ander an:
5 do wart von zorn ain truk getan,
der kam von herzen grunde.
der Berner sluog do ainen slak
dem risen, das in duhte,
sin heln der naeme ainen krak:
10 alsus er nider struhte.
seht, das vergalt er im wol sider:
iedoch so muos her Egge
umb den slak zer erde nider.

114 Er sprank wider uf und sprach: „benamen,
des vals wil ich mich iemer schamen.
wa naem dus an der krefte,
des du mich hie hast sus erfalt?
5 ich wird in kurzen jaren alt
von diner ritterschefte;
won das bi üns hie nieman was,
der es gesagen kunne.‘‘
aldurch den heln macht er in nas
10 von bluote an der stunde.
des wart er finster als die naht,
sin liuhten muos er lassen:
das bluot den schin bedaht.

115 Do tet er als der wise tuot:
er fragte sa den helt vil guot,
wannan er komen waere.
er sprach: „bistu jung oder alt?
5 ald buwest du ze allen ziten den walt?‘‘

113,1 in   114,2 wals
113,5 an   114,9 mach
113,6 do herzem

also sprach der Bernaere;
„so ist mir lait, das ich dir bin
bekom in dine lagen."
harte listeclich er in
10 begunde maere fragen.
er wont im da ungerne bi
und sprach: „got, wie mich wundert,
ob dis ain tiufel si,

116 Der mich alhie bestanden hat!
owe, wie sol min werden rat?"
also sprach der Bernaere.
„ach, herre got, durch dinen tot
5 du hilf mir hie us miner not.
sit du bist min helfaere,
so velle den stritgesellen min!
das zimt wol diner guete,
wan er versprach die helfe din."
10 im kam in sin gemuete,
moeht erm den ruggen han gewant,
unz er waer komen ze rosse,
er waer im liht entrant.

117 Sus faht er vil gar ane trost.
er wande, helfe sin erlost,
die im got senden wolde.
do muos er wichen vor dem man,
5 da er den walt sach diken stan.
was er der wundan dolde!
er kund sich im erweren nicht.
vernament ir ie von laigen
ain also ungefuegen strit?
10 das ros begunde waigen

115,8	bekon	116,7	welle
115,12	wndert	116,13	endrant
116,4	anch	117,6	wndan

fast umb des rekken ungemach.
her Egge sluog in so sere,
das er das ros niht sach,

118   Wol aines rosseloefes wit.
„ich tuon dir noch vil lange zit,
e das ich von dir schaide.
hiute, dos begunde tagen,
5 do het ich dich vil nah erslagen,
das glob mir bi dem aide,
wan das ich alles schonte din:
nu nahet dir din ende,
du gesih die künegin.
10 gib mir din swert behende.“
„der eron mag iu niht beschehen,
ir bringt mich in den toten,
das si mich lebendic sehen.“

119   Er sprach: „ich wils versuochen bas.
du solt mir wol gelouben das:
du maht dich niht gefristen.
ich bin mit strit gen dir ain her,
5 du stast gen mir mit kranker wer;
du bedarft wol guoter listen.
ich han mich din so gar bewegen,
das kunt dir niht ze guote.“
durch den heln sluog er den degen
10 und sprach mit swindem muote:
„was waenst du, das ich spar an dir?
ainweder lebent alder toter
so muostu volgen mir.

120   Ich twinc dirs under dinen dank.“
er sluog im aber aine wunden lank
und sprach: „wer sol dich flehen?“
des wart sin halsperg silbervar

118,5 hat   120,1 dis
119,12 anweder   120,2 wnden

5 von sinen slegen flekkik gar:
von bluet begund er fehen,
das es baide hie und dort
kam durch das werk gerunnen.
do hat her Dietherich unerfort
10 ains louwen muot gewunnen.
alsus do merte sich sin maht.
er sprach: „ich hilf iu striten
den tag und ouch die naht."

121 Ir kraft wart do geliche stent
und an ir baider kumber gent.
swa si an ander erstrichent,
es valt ir ietweders hant
5 sinen fient uf das lant:
der zorn hat si erslichen.
hern Eggen vil gros wunder nam,
das er in sluog da nidere.
swas er in vor getraip hin dan,
10 das sluog er in hin widere.
si wan mit zorne überladen;
des muosen si mit bluote
da baide sament baden.

122 „Von wannan ist diu kraft dir komen?
du hast vil sterk uf dich genomen",
sprach Egge in sinem zorne.
„du wonst mir vientlichen bi,
5 reht als ain man noch in dir si:
des bistu der verlorne.
ich hate din doch guot gewalt,
do ich *dich* vant gesunden.
nu hast sit her mich ervalt

120,10 gewnnen   121,9 getrap
121,4 walt   121,12 sü
121,6 sich   122,8 dich *fehlt*
121,7 wnder

50

10 mit menger tiefen wunden,
die ich dir sluog in kurzer frist.
du fihtest hie niht aine;
ich sihe, wer in dir ist.

123 Swie werlich du nu vor mir stast
und swie vil du der krefte hast,
du bist verhouwen sere.
ich sihe nuwan din aines schin,
5 und fihtest als din zwene sin.
ist ieman in dir mere,
der dir hie git so grosse kraft,
so kaem du nie von wibe:
der tiefel ist in dir gehaft,
10 der fiht us dinem libe.
ich wand, du sigs mir soltost jehen:
der usser dir da fihtet,
der lat es nüt geschehen."

124 „Du gaebe got ze helfe mir,
und das er niht enhulfe dir.
war taet du dine sinne?
der ist bi mir doch hie gewesen;
5 ich moeht anders niht sin genesen.
zwar ich dir niht entrinne,
swie mich verhouwen hat din hant."
Eggen er iesa valte
vil zorneclich uf das lant.
10 do sprach er mit gewalte:
„was hilfet, das ich erfellet han
dich, won ich mit dem swerte
din niht versroten kan?

125 Des werd ir sele niemer rat,
diu dich uf mich verwaffent hat:
diu wil üns toeten baide.

122,10 wnden   124,7 werhouwen
124,6 endrinne

du sprich*st*, der künegin sigin dri:
5 und wis ich, wer ir ain*iu* si,
so leb ich mir mit laide.
das wir hie fehten umbe si,
des munt *si* dort wol lachen.
ich wa*e*n, si a*in* des lebens fri
10 under üns zwain went machen.
mich w*u*ndert, was in das gefrumt,
ob ainer tot belibet
und der ander hinnan kumet!

126 Si hant sich ünser gar bewegen."
von in baiden ran ain regen
von blu*o*te zu*o* der erde.
si fu*o*rent slifend *uf* dem gr*a*se,
5 als uf ainem ha*e*len glase.
ich wa*e*n, iht schiere werde
von zwain herren so herter strit.
do gieng es an die naige:
si hatont baide zorn und nit,
10 als ich *i*uch h*i*e erzaige.
ir entweder hat des zwifels nie,
wan das si baid verdurben
und tot beliben hie.

127 So herter tag erluhte in nie.
swas *si* da vor gesaiten ie,
des wart do gar vergessen.
ir maht was in entwichen gar;
5 si laiten*s* mit den swerten dar.
uf Eggen wart gemessen
ain also ungefu*e*ger slag,
das er kam von den sinnen

125,4 sprich   125,11 wndert
125,5 aini   126,4 uf *doppelt*   garse
125,8 si *fehlt*   127,2 su
125,9 aim   127,5 laiten*ʒ*

52

und vor im uf der erde gelag.

10 doch moh*t* ern niht gewinnen,
unz er a*i*n n*i*uwe maht gewan:
do sprank Egge von der erde
und luf in wider an.

128 Vil menig w*u*nden er im slu*o*k
durch den halsperg, den *er* tru*o*k.
doch er in aber valte   **141**
vil zorneclichen uf das lant.

5 in kund verho*u*wen nie sin hant:
er stu*o*nt uf mit gewalte,
des kund er niht erweren da.
der Berner hat gedingen,
ob *er* in nider valte sa,

10 so wolt er mit im ringen.
das blu*o*t im us den wunden wiel;
mit zorn slu*o*k er, das Egge
zem fün*f*ten male fiel.

129 Das blu*o*t er*v*arwte do das gras.
niht langers biten*s* do enwas:
es fiel uf in der regge,
als er in underligen sach.

5 der helt gewalteclichen do sprach:
„wiltu genesen, Egge,
frumer degen, so ergib dich mir!
durch aller vro*u*wen ere
so lan ich hie das leben dir",

10 sus sprach der Bernaere;
„swie unser zorn si gros gewesen,
durch dine manhait sta*e*te
so las ich dich genesen."

127,10 moh   128,9 er *fehlt*
127,11 an   128,13 fünten
128,1 wnden   129,1 erwarwte
128,2 er *fehlt*   129,2 biten*z*

130   Her Egge sprach: „nun enwelle got,
          wan ich waer al der welte spot.
          hinnan für iemermere
          so hasten minen starken lip
   5 die werden man und werdiu wip;
          und hette sin lützel ere.
          din groessiu vroed uf minen tot,
          diu frumt dich harte klaine:
          din zwene braeht ich noch in not
  10 und slueg iuch altersaine.
          din kraft ist dir ze nihte guot,
          won dich vil sere krenket
          di wundan und das bluot."

131   Her Dietherich sprach: „nu lose mir.
          zwai spil, die wil ich tailen dir,
          als ich dir hie beschaide:
          du wird geselle *und* wird min man,
   5 das ist das beste dir getan;
          ald kius den tot vil vraide.
          der dinge, der muos aines sin,
          e das wir schaiden hinnan.
          mich hilft diu vorgabe min;
  10 ich wil an dir gewinnen."
          her Egge sprach: „mir ist din rede zorn!
          nu fiht halt swie du wellist,
          du hast den lip verlorn."

132   Her Dietherich für die welt genomen
          het, das er dannan meht sin komen:
          Egge druht in zuo den ringen.
          er sprach: „was hilft, dast ob mir list?
   5 den lip du doch darumbe gist;
          dir mag hie niht gelingen."

130,6 lü*z*el   131,4 ald
130,12 von   132,2 hat   meh
130,13 wndan

es waeren vrouwan drukke niht,
das zaigt im wol der herre:
er druht in, das von *dirre* geschiht
10 das bluot schos harte ferre
und vil gar begos den cle.
vom touf unz an sin ende
geschach im nie so we.
133 Do druht er fürbas uf den man.
so laiden tag er nie gewan.
Egge was nah uf gestanden.
do er under im im grase slaif,
5 in den halsperg er im graif
mit baiden sinen handen.
da er e unversroten was,
da zart er im die ringe
reht als es waer ain bloedes glas.
10 mit soelhem ungelinge
gelag er ob im harte blos.
er zart im uf die wundan:
das bluot si baide begos.
134 Der swerte wart vergessen gar;
si namen grosser drüke war.
si kament uf ain wite.
ain andern tatent si so we;
5 das bluot begos den gruenen kle
ze tal an ainer lite.
der Berner Eggen sere twanch
ze aines bomes stammen gruene,
das sin bluot zen wundan us tranch:
10 betoubet wart der kuene.
der Berner drucht in uf das gras
mit also grossen kreften,

132,9 sinr   133,13 su
133,5 halsper   graf   134,9   wndan
133,12 wndan

das er vil kum genas.

135 Guot was hern Eggen guldin gewant.
ob im lag als der wigant
der edel Bernaere.
er sprach: „du maht niht langer leben.
5 des solt du mir din swert uf geben,
vil stolzer degen maere.
tuost du des niht, so muost den tot
von minen handen dulden.
des hilf dir selben usser not
10 und kum gen mir ze hulden:
so fuer ich dich an miner hant
gevangen für die vrouwen;
so wird ich in bekant."

136 Do sprach Egge, der werde degen:
„mins swertes, des wil ich selber pflegen,
von Bern ain fürste riche.
mich santont her uf disen tan
5 drig küneginne lobesan,
das wissest sicherliche.
e das du mich gevangen dar
hin braehtist gen Jochgrimme
für die küneginne clar",
10 — rief er mit luter stimme —
„ich wolt verliesen e den lip,
dan min ze Jochgrimme
spottint diu werden wip!"

137 Do sprach der herre Dietherich,
von Bern ain fürste lobelich:
„naina, vil werder Egge!
gib mir din swert in mine hant",
5 — so sprach der degen wit erkant —

135,12 gewangen   136,7 gewangen
136,6 siccherliche   137,3 verder

56

„vil userwelter regge.
got wais wol, das ich dir din leben
hie gar ungerne wende.
da von solt du dich ergeben,
10 ald es nimet ain ende.
das rat ich uf die triuwe *min,*
ald es gat an ain sterben.
das mag niht anders sin.“

138 „Gib ich min swert in dine hant“,
also sprach Egge, der wigant,
„mich schultent iemer mehr
ze Zochgrim man und wip.
5 ich wil verliesen e den lip“,
so sprach der degen here.
„min swert, das wirt dir *niht* gegeben.
ist dir alhie gelungen,
so solt du nemen mir das leben.
10 des wirt din lop gesungen.
ich kan dir anders niht gesagen:
ich gan dir bas der eron
an mir den ainem zagen.“

139 Do sprach der herre Dietherich,
von Bern ain fürste lobelich:
„so *riuwest* du mich, Egge!
mag es nu anders niht gesin,
5 so hast verlorn das leben din,
vil userwelter regge.
da von so wende dinen sin
durch alle werde vrouwen,
ald es wirt din ungewin.
10 das las ich dich beschouwen.
din blik ist fraislich getan:

137,11 min *fehlt*   138,9 lolt
138,7 nih

kaemist uf von der erde,
ich mues den tot enphan."

140 Den heln er im do ab gebrach.
swas er do uf das haersnier stach,
er kund sin niht gewinnen
als klain als umb ain har.

5 mit dem knophe sties er dar:
das bluot begunde rinnen
an allenthalben durch das golt.
der rise wart ane witze.
das hat er an im wol verscholt.

10 er huob im uf die slitze,
die warend baid von golde rot;
er stach das swert durch Eggen:
das twang in michel not!

141 Als er den sig an im gewan,
do stuond er über den kuenen man
und sprach vil jaemerliche:
„min sig und ouch din junger tot

5 machent mich dike schame rot.
ich darf mich nüt gelichen
ze kainem, der mit eren gar
lebt. des clag ich dich faigen.
swar ich in dem lande var,

10 so hat diu welt ir zaigen
uf mich, und sprechent sunder wan:
,seht, dis ist der Bernaere,
der künge stechen kan!' "

142 Er sprach: „Egge, mich riuwet din lip!
din übermuot und schoene wip
went dir den lip verkoufen.
des muos ich dir von schulden jehen,

140,5 den knoephen   140,10 slizze
140,8 wizze   140,13 ien
140,9 verschoult   141,6 nüz

5 wan ich nie degen han gesehen
   sus nach dem tode loufen,
   alsdam du, helt, hie hast getan.
   du phlaeg enkainer masse,
   noch kundost weder han noch lan
10 uf dirre vaigen strasse.
   er ist zer welt ain saelig man,
   der wol an allen dingen
   halten und lassen kan.

143   Des muos ich mich von schulden schamen.
   und waer ich nuwan von dem namen
   — ichn ruochte, wie ich hiesse —,
   das ich eht anders waer genant,
5 ald waer vermuret in ain stainwant,
   das mich der name liesse,
   das ich von Bern niht waer geborn:
   was clagt ich danne mere?
   was hat min hant an mir verlorn   **142**
10 mit strite al die ere,
   die ich bejagt in minen tagen!
   jo solte mich die erde
   umbe dis mort niht entragen!"

144   Als er den risen do erstach,
   ze hant huob sich sin ungemach;
   er begunde sere truren.
   er sprach: ,,we, was han ich getan!
5 unsaelde wil mich niht enlan.
   wan solt mich vermuren,
   das mich niht ruorte me der luft:
   das verclegt ich lihte.
   e do was min lob vil tuft:
10 nu ist es worden sihte,

143,3 ich   144,7 nih
144,6 won

und das kiuse wol das gries.
und ouwe, Egge, das ich dich
niht langer leben lies!

145 Sit aber ichs nu han getan,
des muos ich ane lob bestan
und ane fürsten ere.
wa nu, Tot! du nim mich hin,
5 sit ichs, der ungetriuwe, bin.
nu, wer gab mir die ere?
das ich dich, helt, erslagen han,
das ist mir harte swaere;
und muos min klag ze gotte han",
10 also sprach der Bernaere.
,,ob ichs nu al die welt verhil,
swan ich selb dran gedenk,
minr froeden ist nüt ze vil.

146 Sit es ist aber mir geschehen,
so wil ich al der welt verjehen,
das ich in han erstochen.
man wais es wol, und ist ouch war.
5 da mit verswend ich miniu jar,
und wirt mir übel gesprochen.
von reht ich das verdienot han.
swie ich soelch guot nie gewünne,
iedoch so wil ich wagen gan
10 und nemen die brünne:
so han ich rerop dir genomen.
in wais, war ich vor schanden
sol in die welt bekomen."

147 Do begund er Eggen umbewegen,
die brünne balde ab im legen;
diu luhte gar von golde.
hern Eggen heln er do genan.

145,3 aenc   146,12 sol vor
145,10 bernare

60

5 die liehten brünne lait er an,
als er si tragen wolde.
diu was im da ain tail ze lanch,
si gieng im uf die gruene.
vil bald er si ab im swanch.
10 si truoch der helt vil kuene
ze ainem ronen mit siner hant:
er sriets ab mit dem sahsen
ain klafter al ze hant.

148 Als er das guote swert versuocht
und in die hosan sich geschuocht,
den heln bant er zem hobte,
den schilt er bi dem riemen vie.
5 er sprach, do er vom holze gie:
„der nu des geloubte,
das ich *dich* slaffent niht envant,
do ich dir stach die wunden
so wurd ich saelik gar bekant.“
10 sin ors vant er gebunden:
dar uf er trureclichen sas.
es wart von sinem bluote
ze baiden siten nas.

149 Her Dietherich wolt von dannan traben;
her Egge bat in, stille haben.
„vil stolzer degen here,
obd ie gewunnest mannes muot“,
5 sprach der werde helt vil guot,
„so nim die widerkere
zuo mir, des wil ich bitten dich,

147,5 brunne
147,7 in
147,12 srietʒ
148,2 gesuocht
148,4 wie
148,5 vom golde

148,7 dich *fehlt*
148,8 *fehlt; nach d*
148,9 wrd
148,11 *fehlt; nach d*
149,4 gewnnest

won ich bin gar betoebet;
und las alsus niht *l*igen mich.

10 du slah mir ab das hoebet
— won ich entr*i*uwe doch niht genesen —
durch aller vro*u*wen ere."
er sprach: „zwar, das sol wesen."

150 Her Dietherich das ho*u*bt im ab slu*o*k.
ze sinem sattel ers do tru*o*k,
der edel Bernae re.
vil vaste band ers dar an.

5 do sprach der *w*underku*e*ne man:
„ich sage laid*i*u maere
von dir den küneginnen fin,
die dich ze kenpfen walten
uffen das ungelinge m*i*n.

10 des wil ich dich behalten
den, die dich hatent us gesant,
und wil o*u*ch niht erwinden,
ich bring dich in ir lant."

151 Her Dietherich wider uf gesas.
*v*ür war so sago n ich *i*u das:
er rait al*s* durch o*u*wen.
da vant der *w*underku*e*ne man

5 bi ainem brunnen w*u*nnesan
schlaffend ain vro*u*wen.
d*i*u was so minneclich gestalt;
ir kund niht gelichen.
und was zem brunnen durch den walt

10 ges*l*ichen si*c*herlichen.
der stu*o*nd under ainer linden brait.

149,9 liegen
150,5 wnderku*e*ne
151,2 wür
151,3 al

151,4 wnderku*e*ne
151,5 wnnesan
151,10 gesichen siccherlichen
151,11 stund

da hin so kam geritten
der Berner vil gemait.

152 Do erbaiste da der maere wigant.
sinen Valken er gebant
zuo ainer linden aste.
hin für die vrouwen er do gie;
5 er lies sich nider an ain knie.
do slief si also faste,
das si sin da niht innan wart:
si was so gar verslaffen.
er sprach: „vil liebiu vrouwe zart,
10 ir soelent mich niht straffen,
das ich iu sus erweket han."
si sprach: „nain, lieber herre",
und sach in guetlichen an.

153 Und sprach: „deu sal, her Dietherich,
von Bern ain fürste lobelich,
bewise mich der maere.
von wannen bistu her bekomen?
5 das het ich gerne hie vernomen.
es ist minem herzen swaere,
das du so gar verseret bist
mit ungefuegen wunden.
dar umb ich dich in kurzer vrist
10 wil machen gar gesunden.
von diner aengeslichen not
bist du so ser berunnen
mit dinem bluote rot."

154 Do sprach der herre Dietherich,
von Bern ain fürste lobelich,
sa zuo der schoenen vrouwen:
„mir widerfuor ain junger degen,

152,2 valchen   153,1 den
152,3 zuoʒ   153,8 wnden

5 von dem was ich nach tot gelegen.
der hat mich sus verho*u*wen
mit siner ellenthafter hant.
sin kraft, d*i*u was nüt klaine.
mit not ich in überwant",
10 sprach er zu*o* der vroewen raine.
„er braht mich in grosse not.
verbint mich, edl*i*u vro*u*we,
won ich bin nahe tot."

155 D*i*u raine vro*u*we wol getan
verbant den w*u*nderkuenen man,
die sine w*u*ndan swae*r*e.
ain bühs mit salben si im ga*p*.
5 vil gros was sin ungehap.
si sprach: „nim hin, Ber*n*ae*r*e,
dis salb. es enwart nie man so w*u*nt,
und strich ers an den smerzen,
er wird am dritten tag gesunt
10 der w*u*nden, die dem herzen
niht ze nahe ligent bi.
hab gu*o*ten mu*o*t, Bernae*r*e:
du *w*irst dins smerzen vri."

156 Do sprach von Bern her Dietherich:
„got lon dir, küneginne rich,
der gabe helfe riche!
got hat ze trost dich mir gesant."
5 also sprach der mae*r*e wigant:
„du tu*o*st mir saelecliche;
des ich doch iemer dankon dir
in herzen und in sinne.
es wart nie bas erbotten mir.

155,2	wnderku*e*nen	155,7	wnt
155,3	wnden	155,10	wnden
155,4	gab	155,13	virst
155,6	berae*r*e		

10 dar umb ich iemer minne
dich, küneginne wol getan.
*en*waer din gu*o*te salbe,
ich mu*o*s den tot enphan."

157 Sus sprach der herre lobelich:
„nu sag mir, küneginne rich,
won durch din selbes ere,
von wannan du, vr*o*uwe, sigest geborn.

5 la dir die frag niht wesen zorn",
so sprach der fürste here.
„und künde mir den namen din.
du bist so tugentriche:
das wirdet an dir selbe schin.

10 *du solt sin sæelecliche,*
won du hast mir so wol getan,
das ich dir iemer diene,
die wile ichs leben han."

158 Do sprach d*i*u selbe künegin:
„du wissist gern den namen min,
vil edeler Be*r*naere?
ich bin vro Babehilt genant.

5 *i*m mer han ich ain schoenes lant
*a*n aller slahte swaere.
so ist mir ta*e*gelich undertan
fünf hundert ritter riche;
die han ich o*u*ch ze dienestman,

10 das wissist sicherliche,
und wais baid, übel unde gu*o*t."
des vro*e*wt sich also sere
hern Dietherich sin mu*o*t.

159 Her Dietherich sprach aber do
ze der werden künegin also:
„so sag mir, vr*o*uwe maere:

156,12 und wa*e*r   158,6 a*e*n
157,9 *und* 157,10 *fehlen*

kum ich dikke ze grosser not?
5 ald darf ich fürhten iht den tot?"
also sprach der Bernaere:
„ich wil gen Jochgrim in das lant
ze den drin küneginnen,
die Eggen hatent us gesant.
10 den han ich mit unminnen
und ouch mit grosser not erslagen:
nu wil ich selb diu maere
den vrouwan von im sagen."

160 Do sprach diu küneginne rich:
„ich sag dir, fürste lobelich,
du kunst vil dik ze strit.
bist du gen Jochgrim uf der vart,
5 so wirt din swert niht vil gespart.
du slahest wundan wite,
won du kunst dik ze grosser not.
doch fürht dir niht ze sere,
das du da von geligest tot:
10 das sprich ich uf min ere.
won zwar, vro Saelde wil din pflegen."
sus genad ir der fürste;
si gab im iren segen.

161 Nu lassen wir die rede hie
und sagen, wie es dem Berner ergie;
des soellen wir niht lassen.
den walt er ane stige rait
5 wol ainer halben mile brait:
do hort er ane masse
ain stimme, diu was clagelich,
von ainer vrouwen munde.
von sinem orse lies er sich;
10 alsus erbaist der wunde.

159,5 fürten   160,8 fürt
160,6 wndan   161,10 erbaizt *vgl. 152,1*   wnde

sin ors er ze ainem aste bant.
her Vasolt, der vil kuene,
der kam dar nach gerant.

162 Sus jagte si der kuene man.
diu magt rief den Berner an:
„ner mich in dirre wilde!
und wurd dir got ie vor genant,
5 so tuo mir dine helf erkant!
ich bins: ain gottes bilde.
mich jagt des landes herre wert
mit sinen laithunden.
min herze an dich helfe begert,
10 sit ich dich hie han funden.“
er sprach: „vroewe, wie ist er genant?“
si sprach: „er haiset Vasolt.
im dienent wildiu lant.“

163 Er sprach: „dis birg ist herren vol.
und moeht ich nu gestriten wol,
das wurd mit iu getailet.
ich han mich aines kum erwert;
5 von dem sint wundan mir *beschert,*
die sint noch ungehailet.
wir mun es baide gotte clagen,
das wir sin ie begunden.
swie ser er mich hat geslagen,
10 doch han ich an gewunnen
dis brünne.“ sprach dis vrouwelin:
„das ist Egge, Vasoldes bruoder:
alrerst fürht ich din,

164 Won nieman kuener lebt den er.“
do lieffen zwene hunde her
nach ir uf der verte.

162,7	herren	163,11	brunne
162,8	lathunden	163,12	wasoldes
163,5	wndan gegeben: *nach d*	164,3	im

uf sin ors huob er die *magt.*

5 do hort er, das ain ritter jagt
her nach, des muot was herte.
ain horn, das fuort er an der hant,
das blies er an den stundent,
das es erhal al in das lant.

10 sin hund vand er gebunden:
das hat der vogt von Bern getan.
da lost *si* zornecliche
Vasolt, der kuene man.

165 Her Dietherich nam des vil *w*ol *w*ar:
*V*asolt was kaiserlich gar
verwaffen*t* an den stunden.
ainen heln er uffe truo*g,*

5 der was fin und schoen genuo*g,*
ain kron dar uf gebunden,
d*i*u was von richer koste guo*t.*
also sait üns das ma*e*re,
das her Vasolt hohgemuo*t*

10 ain richer künig wa*e*re.
er truo*g ou*ch har alsam ain wip.
es h*e*t wol risen lenge
des hoh gebornen lip.

166 Ane stegra*i*f er in den sattel sprank.
Vasolt sin zo*e*ph wan im so lank,
das si dem orse gie*n*gen
ze baiden siten hin ze tal.

5 es was gar silberwisser *stal,*
da si da inne hiengen;
und wan zwen wakhart harte clar.

164,4 *davor getilgt*: uf s.o.   165,3 verwaffen
      huob er den man   165,12 hat
164,12 sü   166,1 stegraf
165,1 vol var   166,5 clar
165,2 Wasolt   166,6 *bis 166,9 sind nach 166,13*
                           nachgetragen; auf 165,5 folgt

                     165,10 bis 165,13

die begund der Berner prisen.
si warent an den heln *aldar*
10 genagelt wol mit isen
und wan so fest, das im doch nie
sin har in kainem strite
versroten war von hie.

167 Wie zorneclich er uf in rait!
„du hast *gemen* mir min mait",
sprach do des landes herre.
„wie kume ich dirs vertragen mak!
5 ich hans gejagt disen tak
us dem gebirge verre.
von wannan bistu her bekomen?
ald wer gab dir die lere,
das du mir min wilt hie hast genomen?
10 moeht *ich* an dir *a*in ere
bejagen, so waers ane vride:
ir mu*e*ssen*t* baide hangen
vor mir an ainer wid.

168 Din wu*n*dan sint dir h*i*ute gu*o*t.
das wissist, saeh ich nüt din blu*o*t
durch die ringe fliessen,
den t*i*uvel h*e*tost her gejagt.
5 zwar, gots noch diner manehait
lies ich dich niht geniessen;
won das du sus erbarmest mich
und bist mir doch unma*e*re."
„wa mitte han*s* verdienet ich?"
10 so sprach der Berna*e*re.

167,2 *alem. Kontraktion von:*   168,1 wndan
   genomen   168,4 hatost
167,10 in kain   168,9 han
167,12 mu*e*ssen

„nu han ich doch den tak gesehen;
het ir mich üts betwungen,
iu waer dran übel beschehen."

169   Do sprach her Vasolt an der stunt:
„und waerest du noch niendert wunt,
an dir laeg lützel eren.
din hohe red versmahet mir.
5 end ich hinnan schaide von dir,
du muost dich gar verkeren.
du soltost es nuwan toren sagen,
die sin niht merken kunnen.
du soltost diner rede gedagen:
10 dir swerent dine wundan."
er sprach: „sig iuch min rede lait,
so lant mich von iu riten
und gent mir dise mait."

170   Er sprach: „var hin, si sig din!
und wellest mit gemache sin,
so la mit mir din striten;
und huet ouch, das du dich bewarst,
5 das du mir iht me widervarst
in den gebirgen witen."
also sprach Vasolt zuo dem degen.
do was es worden spate;
do sprach diu magt, der er solt pflegen:
10 „herre, ritent von im drate!"
do vohrt si sin unstaetekait.
der Berner schiet von dannan;
des vrouwt sich diu mait.

171   Her Dietherich vragen si began:

168,12	hat	betwngen	
169,2	wnt		
169,3	lü*z*el		
169,4	mich		

169,5	ed
169,7	es *fehlt*
169,10	wndan

„nu sagont, was hant ir getan,
das er sus mit *iu* baget?
ich wa*e*n, er trag üns baiden has."
5 si sprach: „herre, ich enwais durch was
er mir so dike laget.
min hohes leben von wilder art
hat er gemachet nider.
im dienent riche künge zart,
10 die mugent niht da wider.
swas ern geb*i*utet durch das jar
und o*u*ch mit in geschaffet,
das mu*o*s doch werden war.

172 Nu behu*e*t üns got vor sinem gebot."
er sprach: „und lies ers niht durch got,
er wolt üns han erhangen.
sol ich von minen w*u*nden leben!
5 ich mu*o*s im strites *v*ollen geben;
mich mu*o*s nach im belangen."
do sprach das wilde vro*u*welin:
„herre, ich das widerrate.
welt ir, das *w*ir mit eron sin,
10 so ritent von im drate.
begrifet in sin valscher zorn,
wirt er des todes innan
Eggen, wir sint verlorn."

173 Vonne w*u*ndan saig er uf das lant.
er sprach: „nu werd sin nam geschant.
was *wisset* er *i*u maiden?
das er an im künges adel hat
5 und *i*uch des nüt geniessen lat;
er welle von er *i*u schaiden!

---

in hort von ritter nie mehr, das
man vro*u*wen jagen solde.
dast war, im z*a*eme michels bas,
10 het er *i*uch alle holde."
si sprach: „enru*o*chent, was er tu*o*t.
ich sich dort aine w*u*rzen,
d*i*u ist *i*uweran w*u*ndan gu*o*t."
174 Von dem trost wart im bas.
er rihte sich uf unde sas.
do gie si von im drate,
da si die w*u*rze sta*e*nde vant:
5 si warent ir alle wol bekant.
die gruob si dannoch spate
und raip si vil wol in der hant
mit wilder maisterschefte.
von de*r* zehant sin we verswant
10 und kam ze siner krefte,
das in die mue*d*iu gar verlie,
als er da vor ze strite
doch wa*e*r bekomen nie.
175 Si gie da er sin ors gebant;
bi ainem bome si das vant.
des leben, das was harte.
si brach im lob und dar zu*o* gras
5 und swas ir da ze vinden was,
unz das si es ernerte.
da in dem cl*e* si w*u*rzan vant,
die kand si bi der blu*e*te.
dem ros braht sis zehant.
10 sin mu*e*d nam im die gu*e*te
der w*u*rzan, das es kraft gewan

144

---

und truok kreftecliche
gewaffent in den tan.
176 Do duncht in, er wer wol gesunt.
er sprach zer vrouwen an der stunt:
„ich han dekaine swaere,
wan das ich niht geslaffen mak."
5 „ich phlig iuwer unz an den tak",
sprach si zuo dem Bernaere.
die riemen si entstricht zehant,
die brünne muos er ab ziehen.
mit den wurzan sin verbant:
10 das gesiuht begund in fliehen.
zehant do waffent er sich wider
und nam under sin houbet
den schilt und lait sich nider.
177 Die naht si sin mit triuwen phlag.
als er geschlief unz an den tag,
das ir der morgen luhte,
ainen starchen jamer si gevie,
5 wan das in aing ungerne lie.
vil ofte si beduhte,
es luffen hunde her durch den walt.
do sas si zuo dem rekken.
die junge magt wol gestalt
10 begund in sanfte wekken:
vil oft ruort si in mit der hant;
do slief er also sere,
das er sin niht enphant.
178 Mit grossen triuwen si gesas.
si sprach: „ja, her, was mainet das?
der slaf wil kumber meren
üns, wan ich han ze lank gebitten.

176,9 wrzan   177,5 aing = einec
177,4 gewie   178,3   dir   vil wil

5　es kunt her Vasolt schier geritten
　　　　und schaidet üns von eren.
　　　　er fuegt mir jamer unde pin,
　　　　sit ich mich han verainet.
　　　　des muesse got min helfer sin.“
　　10　si hat so vil gewainet,
　　　　das ir diu ougen warent rot.
　　　　si schre vil lute: „waffen!
　　　　bistu beliben tot?“
179　Gar trureclich begund si harn
　　　　und sprach: „bistu also vervarn
　　　　in　dinen jungen jaren?
　　　　nu bistu doch gesiuhte vri,
　　　5　swas doch dir beschehen si.“
　　　　do hort er si gebaren,
　　　　und claegelich, sait üns das liet,
　　　　swie er doch niht enwahte.
　　　　ain stimme si von vroeden schiet;
　　10　von cluph ir herze ercrahte:
　　　　so lute erschal Vasoltes horn.
　　　　si sprach: „nu wachont schiere,
　　　　ald wir sint gar verlorn!“
180　Do ruort er sich, das si es sach.
　　　　vil schier si zuo dem helde sprach:
　　　　„ir slaffent gar ze sere.
　　　　wachent durch iuwer manehait!“
　　　5　do hort er niht, was si im sait;
　　　　do ruoft si aber mere.
　　　　vor zorn er us dem slaffe sprank
　　　　und fragt si, was ir waere.
　　　　„ich hoer iu ruefen, das ist lank“,
　　10　also sprach der Bernaere.
　　　　„vrouwe, hant ir ieman hie vernomen?“

179,8 envachte

74

si sprach: „ja, herre! her Vasolt
ist in den walt bekomen."
181   Er sprach: „das ist durch üns beschehen;
er wil üns baide gerne sehen."
si sprach: „er sig verwassen!
das ich mich nüt verbergen kan!
5 her, ir sont sin niht bestan;
er kunt iu niht ze massen.
er hat mit laide mich versert;
ich bait sin niemer mere.
durch *den* ir mich nu hant ernert,
10 der geb iu sig und ere,
und helf üns, das wir hinnan komen!"
si ergab in got vil tiure:
urlop wart da genomen.
182   Alsus do schiedent *si* sich hie.
in den walt si von im gie
mit harter, grosser forhte.
ir lid in zitter wan hie mitt:
5 si forht, das *V*asolt uf si ritt.
schier kam der verworchte.
er sprach: „du hast niht *v*ogtes me;
nu gat es dir ze laide!"
diu juncvrouwe aber lute schre.
10 der Berner sprach: „minr maide,
ich waen, ir dinc niht eben stat.
ich hilf ir von dem schiere,
der si bekumbert hat.
183   Si sol ir dienst niht han verlorn!"
er nam das ors ze baiden sporn
und kert es gen der stimme,
die er im walde hat vernomen.

181,5 besten   182,5 fasolt
181,9 den *fehlt*   182,7 forgtes
182,1 sü

5 her Vasolt, der was zuo ir komen.
do erbaisten si mit grimme
von den orsen uf das lant.
her Vasolt swaig niht langen;
er sprach: „ir bringent mir das phant;
10 ir muessent baidiu hangen!
niht langer ich das fristen sol."
„triuwen", sprach der von Berne,
„ich mach iu strites wol!"

184 Her Vasolt ainen ast gevie;
den brach er ab am bome hie,
der was gros unde swaere.
der wart im schier zerhouwen gar.
5 er graif nach ainem andern dar:
der bon wart este laere.
er gebarte reht, sam er den walt
wolt lobes ane machen.
won hort die este maenikvalt
10 ain halbe mile crachen:
er zart die bom, das si sich kluben.
die hiu der Berner schiere,
das si vil gar zerstuben.

185 Als er der est niht mere vant,
Vasolt erbart ain swert zehant
und sluog uf den Bernaere,
das im sin helm vil lut erhal.
5 hern Eggen sahs da wider gal:
es hiuw die ringe gerne.
diu cron, diu Vasolts heln bevie,
begund von bluete roten.
sin har der stahel umbe gie,
10 und wart doch gar versroten,

183,6 su 184,1 gewie
183,13 vol 185,6 ses

das es viel nider uf das lant.
mit ainer tiefen wunden
wart Vasolts *zoph* endrant.

186 Si truogent baid *ain* ander nit.
von in wart nie so herter strit:
si sluogen slege feste.
swie es doch an in niht entruok,
5 das fiur in durch die helme sluok
und drat uf durch die este.
der Berner sprach: „und bist dus joch
der tievel us der helle,
du muost mir siges jehen doch:
10 das merke, swer der welle."
das swert er ze baiden handen nan:
er sluog im ab den andern
zoph, das er fuor von dan.

187 Vasolt sprach: „ich wil mich ergeben!
du solt mir lassen hie min leben,
won du hast mich *betwungen*."
„vil gerne", sprach her Dietherich,
5 „swer mir din dienst getriuwelich,
won mirst an dir gelungen;
und das du mir sist also holt,
sam ich dir lait nie taete."
„vil gerne", sprach do her Vasolt,
10 „mit ganzen triuwen staete."
do swor er im drig aide gar:
die lies er alle maine;
des wart er eren bar.

188 Vasolt sprach: „von wem sol ich tragen
die cron? ich kan doch niht gesagen,
wem an mir ist gelungen.

185,12 wnden   186,12 dem
185,13 heln   187,3 hie betwngen
186,1 ain *fehlt*

sit du mir hast gesigot an,
5 des han ich dich für ainen man:
du maht in eren jungen.
swar ich von dir rit in díu lant,
ich mak din niht erkennen.
helt, da von tuo mir hie bekant,
10 wie ich dich soelle nennen;
und sag mir, herre, dinen namen.
schieden wir sus von ain ander,
wir moehtent üns sin schamen."

189 „Wir sint an ander unbekant.
so bin ich Dietherich genant:
das sag, swer dich sin vrage.
und bin von Bern her geritten
5 und han uf minen lip gestritten;
der stuont gar uf der wage.
ich kam von ainem jungen man
in also grosse herte,
das ich nie groesser not gewan;
10 won das mich got ernerte."
do sprach das wilde vroewelin:
„was welt ir das ze sagen?
war umb lat irs nüt sin?"

190 Her Vasolt *sprach*: „wiest íu so lait,
das er mir hie die warhait sait?
warent ir bi dem strite?
ald kunnent ir mir reht gesagen, **145**
5 wen er ze tode hab erslagen
in dem gebirge wite?
in mak kain swert niht han versnitten;
so gros sint im die wundan.
im ist der tiefel widerritten

189,5 minem   190,8 wndan
190,1 sprach *fehlt*

10 im wald an disen stundan.
  zwar anders nieman in bestat,
  wan der, der siben sinne
  an im dekainen hat.

191 Sich pruevet min unsaelekait,
  das dir Egge niht widerrait",
  sprach Vasolt; „das ist mir ande.
  min bruoder, von dem tailt ich nie
5 diu erb, diu üns min vatter lie,
  der bürge noch der lande;
  si muessen ungetailet sin
  und dienont üns gemaine.
  betwingest du ouch den bruoder min,
10 so dienont si dir aine.
  der haisset Egge und ist ain kint."
  „ich waen", sprach der Bernaere,
  „das zwen Eggen sint.

192 Der ander tot vor mir gelak.
  des *ist* noch nüt der *ni*unde tak,
  das er mich hat ergangen.
  er luf gewaffent sam er flug.
5 er braht mich in soelche zug,
  das mich da mu*o*s belangen.
  swas ich im eron ie gebot,
  ich kund in nie gedingen.
  swas ich sait, er wolt lebend ald tot
10 mich sinen vroewan bringen.
  gu*o*tes er mir nie ensprach.
  doch half mir got der gu*o*te,
  das er mir siges jach."

193 Do sprach der kuene man:
  „hastu gesigt mim bruoder an,
  so ist dir nieman widere.

191,10 dinont sü   192,2 ist *fehlt*

won swa du stritest in der schar,
5 wir muessen alle nigen dar:
du vellest reggen nidere!
wan das mich doch betriuget das:
ich kius ganz die brünne!
helt, du solt mir sagen bas,
10 welch list dir in gewünne
ald wie sin lip vor dir verdarp.
ich waen, din hant niht eren
an sinem tot erwarp!"
194 Des antwurt im her Dietherich
von Bern und sprach vil zorneclich:
„wie sich din red verkeret!
swas du geredost durch das jar,
5 dast vil nach gelogen gar.
wer hat dich das geleret?
du naigtost mir die hende din.
des muos es sin din ende,
das wissest uf die triuwe min.
10 du bist der missewende.
du endrinnest den in des meres wak,
du muost die rede garnen,
waerest des tievels mak!"
195 „Ze fliehen han ich niendert muot.
du solt min erb und ouch min guot
so niht vergeben niessen.
mins bruoder wil ich gern gedagen:
5 hestu slaffent in erslagen,
es muesse mich verdriessen.
wer hat dich nu geleret das,
das du die welt so swendest?"
her Dietherich sprach: „mir ist lait din has

193,6 wellest   194,1 aentwirt
193,10 gewnne   194,12 garunen

10 und das du mich so schendest!
du muost drum ze buosse stan.‟
do sprungens sa ze samne,
die rekken lobesam.

196 Do wart vil krefteclich gestritten;
die helm wurdent niht gemitten,
do si fehten begunden.
si truogen baid an ander has.
5 für war so solt ir wissen das:
si mohton noch enkundon
an ander da geschaden niht
an kainer slahte dingen.
si sluogen fast ze der geschiht
10 uf helm und uf die ringe.
do schatten si an ander niht.
diu ros huot in die vroewe;
nieman die helde schied.

197 Do sprach von Bern her Dietherich
zuo hern Vasolt sicherlich:
„du bist ain degen roter;
got muesse mich vor dir bewarn.
5 Eggen herz ist in dich gevarn,
swie er lak vor mir toter
im wald, do ich von im rait.
ich maks niht mere liden:
ich waen, din zwene tuont mir lait
10 hie. zwar, das solt du miden
und solt den ain gesellen lan!
bestast du mich allaine,
so bist ain kuener man.‟

195,12 sprungenz   196,12 huob
195,13 reken   197,2 siccherlich
196,2 wrdent   197,5 gewarn
196,8 ain kanir   197,11 an
196,10 helf

198 „Was wilt du mit zwain herzen mir?
so ist Dietheres herz in dir —
din bruoder wunderkuene.
den und ouch dich gebar ain wip.
5 do fuor sin kraft in dinen lip,
do in sluoc uf der gruene
von Raban Wittich, der kuene man.
doch muos er dir entrinnen,
do du mit zorn in woltost slan
10 und du begundost brinnen:
er flouch vor dir in ainen se.
das was dem helde kuene
da vor geschehen nie me.“

199 Er wart vron Helchen kint ermant
und sines bruoder al zehant;
grim wart im sin gemuete.
dar nah in ainer kurzer zit
5 nam er an sich zorn und nit.
mit zorn und mit unguete
luf er Vasolten schiere an
und begunde sere houwen.
wie starke wundan er gewan,
10 das muos die vrouwe schouwen.
mit baiden handen er sin swert
zuht und sluog Vasolten,
das er fiel uf den hert.

200 Er wolt in han ze tot erslagen.
diu vrouwe bat, als ich wil sagen,
und sprach: „nain, degen here!
ir solt im lassen hie sin leben
5 und sont mir disen ritter geben;
er tuot es niemer mere.“

198,1 herren	198,8 endrinnen
198,3 wnderkuene	199,7 fasolten
198,7 won witth	199,9 wndan

des *a*ntwurt ir mit zühten do
der fürste gu*o*t von Berne;
er sprach: „swas du geb*i*utest so,
10 wil ich tu*o*n harte gerne.
ich gib aber im die tr*i*uwe min:
getu*o*t ers iemer mere,
es mu*o*s sin ende sin."

201 Si half im von der erde sa
und entwaffent in alda.
den heln bant*s* im vom ho*u*bete.
dar nach das scho*e*ne vrouwelin
5 verbant im wol die w*u*nden sin.
der Berner in beto*u*bte.
si sprach: „Vasolt, wiltu den lip
behan, so la din striten
mit im und la dinen falschen kip;
10 du soltost von im riten."
urlop si zu*o* in baiden nan.
si enphalch den Berner gotte
vil t*i*ur und hu*o*b sich dan.

202 Die Herren rittent durch den walt
— ir gespraeche, das was maenic*v*alt —
gen ainer bürge scho*e*ne.
d*i*u was hoh und w*u*nnesam.
5 ir phlag ain gar weniger man
mit ainer guldinen cro*e*ne.
her Vasolt zu*o* dem sattel graif:
er wolte dem Berna*e*re
gehabt han den stege*r*aif,
10 der stolzer degen ma*e*re.
das gesinde nam des vil wol war:

200,7 aentw*i*rt   202,2 maenicwalt
201,3 bant*z*   202,4 wnnesam
201,5 wnden

si enphiengen den Bernaere;
Vasoltes vergas man gar.

203 Iedoch phlag man ir baider wol.
diu burk was schoener türne vol
und palast bi der mure.
si was der mang entwahsen gar:
5 es wart nie stain geworfen dar,
er enkaem dan von der schure.
da für hat si ain riches tach,
gemachet wol mit plige.
vor iegeslichem palast sach
10 man stan schoener türne drige,
gemurot wol mit flisse dar.
swenne mans geliche zalte,
so wan ir hundert gar.

204 Wan bat die herren essen gan.
der wirt, der fuort si baide dan
in ainen palast witen.
da wart von getwergen gros gedrank.
5 er was so v·it und ouch so lank,
wan moht drinne riten.
in wart ze tische sicherlich
gedient wol mit getwergen.
her Vasolt sprach: ,,bin alsus ich
10 geschaiden von den bergen,
das ich mich *ir* entanon sol?
ich mag wol mit *iu* lachen,
mirst aber niht ze wol.‘‘

205 Als man die tisch gehuob von dan,
her Vasolt ruofen do began:
,,ir herren, ir sont swigen!
ir want ie sigs an mich gewon:

203,6 schiure   204,10 berggen
204,4 getrank   204,11 ir *fehlt*
204,7 siccherlich

   5 da bin ich nu geschaiden von.
     mir sol hie nieman nigen.
     mich hat dis werden rekken hant
     mit strit da von geschaiden.
     ich geb*i*ut *i*u, swie ir sint genant,
10 das ir im lobt mit aiden,
     ze dienen als man dienen mak.
     wan ich m*u*o*s* mich verziehen
     *i*uwer für disen tak."

206 Der wirt sprach: ,,lant mich hoeren, wie
     ir baide sigint min herren hie,
     wie ich dar z*u*o gebare.
     ich han *von i*uwers *en*weders hant
   5 weder bürge noch d*i*u lant.
     das m*u*eget mich doch zware,
     das ich min vries leben her
     verzinse von gewalte.
     nu wissent, swem ich h*i*ute swer,
10 das ich mich an den halte
     mit *tr*iuwen als ich rehte sol.
     in bedarf niht zwaiger herren;
     ich enbir des ainen wol."

207 Her Dietherich sprach: ,,du solt mir swern.
     ich *w*il dich wol vor gewalte nern.
     in allen landen wite,
     so mag dir nieman wider sin:
   5 des gib ich dir die tr*i*uwe min."
     das getwerg swur bi der zite
     sin dienst. der wart triuwen schin
     im in des wirtes huse.
     der Kanel, der was aller sin
10 von Klam unz hin ze Kluse.

206,4 von *fehlt*   weders   207,2 vil
206,11 v*r*iuwen

des morgens rittent si von dan;
es was in wol erbotten
von dem wenigen man.

208 Hin wiset Vasolt den kuenen man
durch den vil unhiuren tan
gen ainem holen staine.
seht, da gesahen si vor stan
5 ainen stolzen ritter lobesan;
den fundens altersaine.
er was gegangen für das tor
und wolt ervarn diu maere;
won im was wol gesait da vor,
10 das Egge erslagen waere.
der selben port der degen phlag.
sin halsperg was vil veste,
sin heln luht als der tak.

209 Sin waffenrok ain pheller fin
was und sin hosan staehelin.
sin sporn wan rot von golde.
sin swert der zwelfen aines was:
5 das luht alsam ain spiegelglas.
ob es ain kaiser solde
ze strite fueren taegelich,
es waer im wol gebaere
ze siner siten sicherlich:
10 alsus sait uns diu maere.
es künde besser niht gesin,
won es vor vil ze strite
truok Sifrit der hürnin.

210 Ain schilt der werde degen truok,
der was ouch ungefueg genuok
und dar zuo harte swaere.

208,6 fundenz   209,9 siccherlich
208,8 erwarn   210,2 das

wie wol beslagen was sin rant
5 mit stahels spangan uf die hant!
den truok der degen maere,
swar er ze strite solte varn.
des wart sin lop vil wite.
den fient sach man *in* niht sparn
10 in stürme noch in strite.
er was selb Eggenot genant.
er truog ain scharphen geren,
des wart er wit erkant.

211 Als in her Vasolt fer*r*est sach,
zu*o* dem Berner er do sprach:
„nu solt du stille swigen.
er wa*e*nt bi dem gewaeffen din,
5 dich minen bru*o*der Eggen sin.
des sihst du in dir nigen
mit gru*o*s, als er vor hat getan
mim lieben bru*o*der Eggen.
wirt er gewar, wie es ergan
10 ist umb den werden reggen,
das du den hast ze tot erslagen,
ich wais an sinem mu*o*te,
er mak dirs niht vertragen.“

212 Do sprach der herre Dietherich,
von Bern a*i*n fürste lobelich:
„er stat doch altersaine.
wie mo*e*ht es iemer so ergan,
5 das er mich ta*e*te libes an?
nu merk, wie ich das maine:
ich tro*e*st mich der s*æ*rewat,
die ich dim bru*o*der Eggen
nam, die mich harte hohe stat

10 von dem vil werden reggen.
er hat mich nah ze tot erslagen,
doch mag ich niemer mere
den werden helt verklagen."
213 Si rittent für den stain alhie.
her Eggenot *si* baid enpfie
mit gru*o*sse harte ferre.
vil schiere sprach der herre Vasolt
5 — dem warent scho*e*ne vro*u*wen holt:
„nu sag an, wa ist din herre,
das du so ainig beliben bist
vor disem holen staine?
ich wa*e*n, din herre nüt enist
10 hie: da von stast allaine.
ich sa*e*h in gern an dirre stunt.
wie lebt das ingesinde;
*i*st alles wol gesunt?"
214 Er sprach: „ich han *i*u gern gesehen!
w*a*n sait üns, Egge wa*e*r erslagen;
das clagten wir gemaine.
min her*r*e und alle sine man,
5 die sint geritten für den tan:
des stan ich althersaine
und vro*e*w mich, das ich han gesehen
hern Eggen noch gesunden.
mir künde lieber niht beschehen!
10 min herre und sine künden
su*o*chent den werden helt vil gu*o*t,
der Eggen solt erslagen han.
des truret ünser mu*o*t.
215 Nu lob ich got! ich han gesehen
den helt, dem man mu*o*s lobes jehen.

213,3 sü   214,2 won *: alem. man.*
213,13 Est   214,4 here

88

das ist mins libes tunge!
solt ich in so verlorn han,
5 so mues ich iemer truric stan."
sus sprach der degen junge:
„ich wart nie kainem so holt
als Eggen sicherliche;
das hat er wol umb mich verscholt.
10 nu enwis ich in dem riche
dekainen, der es het getan,
swie stark ald kuon er waere,
ich wolt in drum bestan."

216 Do sprach von Bern her Dietherich
zem jungen degen lobes rich:
„ich mag niht swigen mere.
ich wil dir hie diu maere sagen:
5 her Egge, der ist ze tot erslagen;
das wissist uf min ere.
du gesiht in lebendik niemer me."
her Eggenot sprach: „triuwen,
das tuot mir inneclichen we;
10 und muos mich iemer riuwen,
das er den lip sus hat verlorn!
an sterk und ouch an kuene
sin gelich wart nie geborn.

217 Nu sag an, tugenthafter man,
wer im den schaden hab getan.
das wis ich harte gerne.
es mag dir hie kain schad gesin,
5 des gib ich dir die triuwe min."
do sprach der helt von Berne:
„nu sich mich an; ich hans getan."
her Eggenot sprach mit zorne:

215,8 siccherliche   216,7 merc
215,11 hat

,,das mu*o*s *i*u an das leben gan,
10 wan ir sint der verlorne.
   des wil ich *i*u min tr*i*uwe geben:
   sit ir in hant verderbet,
   das kostot *i*uwer leben!"

218 Des lach*t* der herre Dietherich,
   von Bern der fürste tugentrich:
   sin zurnen tet im laide.
   da von erbaist er uf das lant;
5   den sinen Val*k*en er do bant.
   zesamen sprungen*s* baide;
   mit grimme *si* die swert erzugen,
   als si von rehte solden.
   da von die *fi*ures flamman flugen
10 uf durch der bome tolden,
   wan es wan zwene ku*e*ne man.
   Vasolt stu*o*nt uf der gru*e*ne
   und sach den strit wol an.

219 Er wolt im gern geholfen han:
   er entorst hern Dietherich niht bestan;
   sin swert, das for*h*t er sere.
   her Eggenot, der ku*e*ne man,
5   sin swert ze baiden hande*n* nan;
   er sluog de*m* Berner her
   ainen also crefteclichen slak,
   das in alda beduhte,
   es w*ae*r sin jungeslicher tak;
10 wan er vil sere struchte.
   da von sin munt in zorn enbran,
   so das us sinem helme
   der tanph ri*e*chen began.

220	Do sprach der Berner hohgeborn
	ze Eggenote userkorn:
	„du waist niht miner krefte,
	die ich an minem libe han."
5	so sprach der tugenthafter man:
	„swers messer hat bim heftin,
	dem mag diu snide wening schaden.
	du kundost dich gar kuene.
	ich tuon dich strites überladen
10	uf disem anger gruene."
	also sprach er dem helde zuo:
	„du kaem von diner ammen
	ze strit gen mir ze fruo!"
221	Her Dietherich, der werde man,
	das swert ze baiden handen nan.
	er sluog im durch das herze
	ain grosse wunden tief und wit: 147
5	er gemuot in nimer mere sit!
	do in angie der smerze,
	do viel er nider uf das gras:
	sin swert schos im von handen,
	diu sel von im geschaiden was.
10	sin tot was Vasolt ande.
	er was sin mak, so wan üns sait,
	und torst doch nie gebaren,
	sam es im waere lait.
222	Her Dietherich wust sin schoenes swert:
	der eron was es vil wol wert.
	er sprach: „sit ich dich *han* gewunnen,
	so schaf ich, swas ich wil.

220,1 bener   221,5 ie
220,7 *fehlt*   221,10 wasolt
220,9 überlanden   222,1 dietheris
221,4 wnden   222,3 ich dich gewunnen dich han

91

5 da von so han ich vroeden vil,
und ist min lait zerrunnen;
won ich wais kaines me so guot.
von gold ist rot sin schaide.
da von so gestet sich min muot,
10 swie ich es hab mit laide
gewunnen von dem kuenen man,
der mich da mit verserte
fast in dem gruenen tan."

223 Do sprach Vasolt, der kuene man:
„do es min bruoder erst gewan,
do was im wol ze muote.
da von so han ich in verlorn
5 und disen ritter wolgeborn.
ach herregot, der guote,
die mag ich niemer wol verclagen!"
do sprach der vogt von Berne:
„du wilt mir aber widersagen?
10 das hoer ich hart ungerne!
du muost darum liden pin
von mir an disen stunden,
uffen die triuwe min.

224 Nu were den lip, des gat dir not!
ald du muost dulden den tot
von mines swertes egge."
do sprach sich der herre Vasolt:
5 „nain, stolzer helt, ich bin dir holt!
Berner, vil werder regge,
ich han es alles lassen varn
und wil mit ganzen triuwen
dich an mins bruoder stat bewarn."
10 er wolte für in kniuwen

223,6 anch   224,6 verder
224,2 *fehlt*   224,10 wol
224,3 dines   regge

und vrides da gebetten han
umb sinen lip gar maere
den ritter lobesan.

225 „Herre, lan ichs also stan!
nu sag mir, tugenthafter man,
wer disen stain hie biuwet.
das wis ich gern, swas mir beschicht.
5 jon red ichs doch durch forcht niht.
in wais, was ich getriuwe
dem herren, der da suochet mich
in dem gebirge wite;
als mir Eggenot vermessenlich
10 verjach vor sinem strite,
er ritte nach *mir* in den tan.“
„er mag dich niht bekrenken“,
sprach *V*asolt, der kuene man.

226 „Walrich: so ist der helt genant
und ist ain degen wit erkant,
das wissist si*ch*erliche.
wil er dich niht geniessen lan
5 min, so *w*il ich dir bistan
mit *tr*iuwen willecliche,
swie du doch hast unz uf den tot
betr*u*ebet mich an Eggen
und an dem werden Eggenot,
10 zwain userwelten reggen,
die du mir hast erslagen.
die wil ich iemer mere
durch dich vil gar verclagen.“

227 Ze rosse sasen sa ze stunt
die zwene herren wol gesunt

225,11 im   226,5 vil
225,13 wasolt   226,6 r*i*uwen
226,3 si*cch*erliche

und rittent dannan balde.
Vasolt rait für uf die sla,
5 der Berner alles hinden nach
gen ainem wildem walde.
da lait der Berner grosse not,
won in verfuoren wolde
Vasolt in den grimmen tot,
10 swie er sin pflegen solde
mit triuwen; als er hat gesworn,
ze laiten in vor sorgen
zen vrouwan userkorn.

228 Nue hoerent valsches herzen rat,
das frumen liuten übel stat,
an dem künge Vasolde.
der fuorte an den triuwen gar
5 hern Dietherichen wandels bar,
da ern verraten wolde,
in ainen wald, da er sin lait
wolt rechen lasterliche.
er braht in uf ain wise brait;
10 da wis er sicherliche
sin muoter, die er schiere vant.
diu was gar ungefuege
und was Birkhilt genant.

229 Vasolt für uf die wise rait;
diu was *mit* bluomen wol besprait.
under ainem zodelbome
stuont ain gezelt so wunnesam,
5 als dem wirt wol gezam.
des nam der Berner goume.
da nebent drige brunnen kalt
stuondent. bi dem gestuele

228,2 liten   229,2 mit *fehlt*
228,7 ainem vald   229,6 gome
228,10 siccherliche

wan sach ouch wunder maenikvalt.

10 uffen dem schoenen bruele
was menger hande froeden spil
von mannen und von wiben
da vor gewesen vil.

230 Ain wunnecliche burk da lak;
diu luht alsam der liehte tak
von dem edelem gestaine:
hie rot, dort gruen, gel und bla.

5 wiʒ schain von stolzen berlan da
und ouch helfenbaine.
getwerk in clarem golde fin
haten ergraben wunder
an dirre veste. diu was sin:

10 des wart sin vroede munder.
ain knoph oben uf der bürge bran
alsam der morgensterne.
der helt vragen began

231 Und sprach: ,,wes mag diu burk gesin?"
do sprach her Vasolt: ,,si ist min
und miner lieben muoter!
diu ist in zorn ain übel wip.

5 ir ist ouch ruch aller ir lip.
des huet dich, degen guoter,
vor ir: und wirdet si gewar,
das du ir hast verderbet
Eggen ir sun, den kuenen, gar,

10 zehant si dich enterbet
des libes. das wil ich dir sagen:
ir muot, der ist so grimme,
si mag dirs niht vertragen."

232 Do sprach der Berner lobesan:

229,9 wnder   230,5 wis
230,1 wnnecliche kurk   230,8 wnder

„so bestüend ich gerner hundert man
strites den aine vrouwen.
wil aber si michs nüt erlan",
5 sprach der vil tugenthafter man,
„so wirt si ser verhouwen
von mir; das wissist sicherlich!
si welle mich danne lassen
mit eren riten fridelich
10 gebirg und ouch die strassen.
mir breste danne in miner hant
des swertes, alder ich rite
gen Jochgrim in das lant."

233 *Swan* er das wort do vollen sprach,
Vasoltes muter er do sach
gen in vil sere gahen.
gar vraislichen was ir gank:
5 über die grossen ronen si sprank
und wolt ir sun enphahen.
si het ouch gern diu maer vernomen,
wie es umb irn sun hern Eggen
und umb hern Dietherichen waer komen,
10 den userwelten reggen.
won ir was wol da vor gesait,
si waeren kon ze strite:
das was ir harte lait.

234 Als si si ferrost ane sach,
nu mugt ir hoeren, wie si sprach:
„bis willekomen, sun Egge!"
zehant sprach ir sun Vasolt:
5 „er hat es niht umb dich verscholt;
es ist ain ander regge:
von Bern min her Dietherich.
ich wil dir niht des liegen:

232,2 bestuond   233,1 Was   wollen
232,4 mis   233,7 hat
232,7 siccherlich   234,1 sü ferost

er hat dir Eggen si*ch*erlich
10 erslagen sunder triegen.
doch wil ich got von himel clagen,
das ich dir selb d*i*u ma*e*re
mu*o*s von dinem kinde sagen."

235 Als do d*i*u valendin vernam
d*i*u ma*e*re, si sprach zem ku*e*nen man:
„degen, du arnost Eggen!"
ainen ungefu*e*gen bon si brach
5 vor zorn uss*e*r der erde. do sprach
der Be*r*ner zu*o* dem reggen
hern Vasolt, das e*r* balde da*n*
sin mu*o*ter faste hu*e*be,
ald er slu*e*g si, das man sa*n*
10 si tot vor im begru*e*be,
und sprach: „ich slah niht gerne wip.
wil aber sis niht miden,
es gat ir an den lip!"

236 Des *a*ntwu*r*t im do her Vasolt:
„dar umbe naem ich kainen solt",
sprach er zu*o* dem Be*r*nae*r*e.
„ich mag mi*n* mu*o*ter niht gehan;
5 i*r* zorn ist f*r*aislich getan.
des wer dich, degen ma*e*re,
als liep dir sig gu*o*t und lip.
ich sag dirs si*ch*erliche,
min mu*o*ter ist ain übel wip.
10 e das si dir entwiche,   148
so tu*o*t si dir vil grosse not
umb minen bru*o*der Eggen,
ald si belibet tot."

234,9 si*cch*erlich   236,4 mi*n*r
235,7 da   236,5 ich   flaislich
235,9 sa   236,8 si*cch*erliche
236,1 aentwürt

237 Vro Birkhilt grisgramen began:
zehant lief si den Berner an
mit grimmeclichem mu*o*te
und slu*o*g im mengen grossen slak.
5 *vü*rwar ich *i*u das sagen mak:
der helt sich sere hu*o*te.
vil dik er iren slegen gros
entwaich hin dan vil ferre.
si was dem tiefel wol genos
10 und faht, so das der herre
des libes kam in grosse not.
wan er des waenen wolde,
er mü*es beliben tot.

238 Do sprach der Berner harte gu*o*t:
„ich han niht aines mannes mu*o*t,
das ich tuld so*e*lch unmasse,
von ainem wib so mengen slak.
5 Vasolt, für war ich sag*o*n mak
dir, das ich zoll die strasse."
mit grim er si enzwai geslu*o*k
mit dem vil gu*o*tem swerte,
das da ir sun her Egge tru*o*k,
10 do er strites begerte
mit im in de*m* vinstern tan,
do er in slu*o*k ze tote.
des si o*u*ch not gewan.

239 Swar das stuk mit ho*u*bte sprank,
d*i*u zung im us dem munde sank
ain jaemerliche stimme,
dass in dem walt vil fer erschal,
5 me dan aine mil überal.
des wart *ir* tohter grimme.

237,5 wurwar   238,11 den
237,13 muos   239,6 ir *fehlt*   toehter

diu was selb Uodelgart genant
und was ouch bi den ziten
diu staerchste maget, die man vant
10 in dem gebirge witen.
do diu die stim so klaegelich
erhorte von ir muoter,
des wart si zornes rich.
240 Ain bon si us der erde brach,
der was gros. hoerent, wie si sprach:
„ja, herre, wie ist es ergangen?
minr muoter stim ist claegelich.
5 ich fürhte, si her Dietherich
hab in dem wald gevangen.
ist er mir komen in den walt,
es muos im kon ze laide,
alder ich wird von im ervalt.
10 e das ich von im schaide,
mir breste den in miner hant
des bomes ungefuege,
ich tuon im lait erkant.“
241 Al durch den walt so was ir gach.
die bom ir sigen alle nach,
swar diu vil ungehiure
luf: si hat ain fraislichen gank;
5 über stok und ronen si sprank.
nu hoerent aventiure,
wie die vil ungefuege sprach,
do si den helt Vasolten
stan ob siner muoter sach:
10 „wes han wir hier engolten,
das ünser muoter ist erslagen?
nu solt du mir durch triuwe

240,5 fürte   240,9 erwalt
240,6 gewangen

die rehten maere sagen,

242   Wie es miner muoter si bekomen
ald wer ir hab den lip benomen
in also kurzen stunden.
und ouwe, das ichs leben han!
5   si was erst bi mir in dem tan:
do lies ich si gesunde.
nu lit si jaemerliche tot!
das ist mir harte swaere.
ich braeht in liht in grosse not,
10   und wis ich, wer er waere,
der disen schaden hat getan.
das wissist! ald er muesse
mich tuon des libes an."

243   Des antwurt ir da sa zehant
Vasolt, ain degen wit erkant,
und sprach vil zühtecliche:
,,luog, der dir bruoder und muoter hat
5   erslagen, wa der vor dir stat:
von Bern her Dietheriche.
Eggen swert und sin sarewat,
die trait an im der here.
er hat niht witz, der in bestat,
10   das wissist uf min ere.
es muos im an das leben gan,
swer sich mit im beheftet:
das wissist sunder wan."

244   Als ir das maere wart gesait,
ir zorn wart michel und brait:
si schre vil luter stimme.
des bomes este brach si dan;
5   zehant luf si den Berner an.
mit michelme grimme

243,1 aentwurt   243,9 wiꝣ

gab si dem herren ainen slak,
so das der degen kue*n*e
bi sinem schilte nider lak
10 uffen dem anger gru*e*ne.
sus kam er in vil grosse not,
wan er was von der vro*u*wen
vil nah beliben tot.

245 Des schamte sich her Dietherich:
uf sprank der fürste lobelich.
das sag ich *i*u ze ware:
den bon, dens in der hende tru*o*k,
5 zerh*i*uw der werde degen cluok
und *v*ie si bi dem hare . . .

245,6 wie